歴史文化ライブラリー

51

# 地獄と極楽

『往生要集』と貴族社会

速水 侑

吉川弘文館

JN214208

# 目次

1　六道の風景

# 六道の風景

## 苦しみの世界

ここに一つの世界がある。たくさんの鉄の山が向いあっている。牛や馬の頭をした獄卒たちが、責具《せめぐ》を手にして罪人をこの山中に追いこむと、山は両方から迫って罪人を押しつぶす。体は砕け血は流れて地上に満ちる。残忍な獄卒たちは、さらに罪人をどろどろにとけた赤銅の河に投げこんだり、刀のように鋭くとがった葉のある林に追いこむ。罪人は、天に向って泣きさけぶが、頼るものも救うものもない。

これは、源信《げんしん》が『往生要集《おうじょうようしゅう》』巻頭に描いた、八つに分かれる地獄世界の一つ、衆合《しゅごう》地獄の惨景である。どのような人が、罪人として、この世界に行くのか。生きものを殺し、物を盗み、姦通した人が、ここに堕《お》ちるのである。獄卒は、罪人を責めののしって、「お前の受ける苦しみこそは、お前の行なった悪の報い。自業自得《じごうじとく》。逃れる人はない」という。『往生要集』が描く苦しみの世界は、地獄だけではない。物おしみ、むさぼり、そねみ、ねたんだ人は、餓鬼の世界に堕ちて、ながく飢えと渇きに苦しむ。おろかで恥しらずの人は、畜生の世界に堕ち、牛馬となって責め使われ、鳥けものとなって矢に追われ網にかかる。阿修羅《あしゅら》の世界に堕ちれば、ここは絶え間ない闘争の世界、身心の休まるいとまとてない。では、われわれが現に住む人間世界はどうか。ここも生を得た日から不浄の身に絶え間のない苦悩を受け、しかも明日の命とて知れぬ無常の世界である。最後に天は、その快楽きわまりないとはいえ、天人《てんにん》にもついに五衰《ごすい》の相の現れる日が来る。歓楽の後だけに、その苦しみ悲しみは、地獄のそれよりも、かえってはなはだしいのである。すなわち、これら六つの世界（六道《ろくどう》）のどこに生を受けようとも、苦しみからは逃れられぬ。われわれは罪を重ね、永遠に、この六道を輪廻《りんね》せねばならぬのか。

しかし、ここにもう一つの世界がある。それは、いかに語り続けても語り尽せぬほど美しい極楽浄土《ごくらくじょうど》である。この世で願《がん》を発し仏道に励み、ひとたび浄土に生まれれば、もはや六道を輪廻する恐れはなく、阿弥陀仏にまみえて説法を聞き、この修道の世界で永遠の喜びにひたることができる。まことに、われわれは、この穢《けが》れた世界を厭《いと》い離れ、浄土を願い求めるべきではないか。源信は、『往生要集』の大文《だいもん》第一「厭離穢土《おんりえど》」と大文第二「欣求浄土《ごんぐじょうど》」で、このようにのべる。地獄道をはじめとする六道の苦しみと、それにひきかえ荘厳甘美な極楽浄土の世界。これを読む人びとは、あらためて六道輪廻をおそれ、現世の歓楽をはかなみ、来世の浄土を求めるであろう。

## 輪廻の思想

もともと輪廻の信仰は、仏教に先立つ古代インド人の世界観である。仏教は、輪廻なき現実の真相（法《ダーマ》）を如実に観る（さとる）ことにより、こうした輪廻思想を克服しようとするものであった。しかし輪廻思想は、仏教説話にくみこまれてわが国に伝えられると、いままで過去と未来についての統一的理解がなかった現世中心の日本人にとっては、人の生を現世から解き放し、過去と未来とに押し広める新しい信仰となった。和辻哲郎が評したように、克服されるべき輪廻の信仰は、その神秘的魅力をもって、逆に法の如実観《にょじつかん》にうち克《か》ったのである。六道輪廻が、法の如実観によって霧散すべき妄想ではなく、確たる形而上《けいじじょう》的実在とされるかぎり、こうした輪廻から逃れるには、同じく形而上的実在である第七の世界——仏の浄土——を信じ、そこに往生することを願う他ない。こうして日本の浄土教は、六道輪廻思想を基盤に発達するのである。

源信自身は、六道と浄土の実在性をどのように考えていたのか。『往生要集』で源信が理想とした念仏は、天台教学本来の観実相を志向する観想念仏であり、巻頭の「厭離穢土」と「欣求浄土」は、そこに読者を導くための導入部、方便《ほうべん》にすぎない。かれは最後の大文第十で、ひとえに穢土を厭い、もっぱら浄土を求める有相業《うそうごう》に対して、相対的差別を越えた空《くう》の理をさとった上で浄土を願い求める無相業《むそうごう》こそ、念仏の至上の境地と位置づけている。

無相業とは、仏の名を称《とな》え心に念じて浄土を願い求めるとはいえ、仏の身も仏の国土（浄土）も、究極においては空であり、幻のごとく夢のごとく、そのままの姿としては空である。しかし空ではあるが仏や浄土は存在するのだから、有にもあらず空にもあらずと観じることで、もっとも勝れた真実の道理に入るのである。

## 本書の課題

しかし、こうした源信の真意とは別に、『往生要集』巻頭で描かれた六道ことに地獄と極楽浄土の強烈なイメージは、読者の間で独り歩きを始めた。時代が下ると、「厭離穢土」と「欣求浄土」の章の絵解きともいうべき六道絵が、さまざまの勧善懲悪説話を伴って巷間《こうかん》に流布し、『往生要集』には「地獄物語」の異称さえ生まれた。太宰治が、女中が物語る地獄絵の絵解きに衝撃を受けた幼い日の思い出を記し、あるいは大江健三郎が、「往生要集と、思う外はございませんでした」との一婦人の原爆体験記を紹介しているように、『往生要集』が描いた地獄のイメージは、現代に至るまで日本人の意識の根底に生き続けている。

このように、『往生要集』が、日本人の来世観、地獄と極楽の観念の形成と普及に果たした役割はきわめて大きい。日本人にとって『往生要集』は、千余年前の過去の書物として棄て去ることができない内容を含んでいる。ささやかな本書が、『往生要集』の内容とそれが生まれた社会的時代的背景、『往生要集』の地獄・極楽観の後世への影響、さらには『往生要集』後千年におよぶ日本人の精神史について、あらためて考える糸口を提供することができるなら、筆者にとって大きな喜びである。

# 『往生要集』の説く地獄と極楽

# 来迎寺の六道絵

## 来迎寺の十界図

滋賀県大津市の来迎寺《らいごうじ》は、現在は紫雲山聖衆《しょうじゅ》来迎寺と称する天台宗の古刹《こさつ》である。寺伝では長保三年（一〇〇一）、『往生要集』の著者の恵心僧都《えしんそうず》源信の創建というが、実否は定めがたい。おそらく源信と縁深かった横川飯室谷《よかわいむろだに》の関連寺院であったろうと考えられる。織田信長の比叡山焼打ちの際に難をまぬがれたこともあって多くの什宝《じゅうほう》を蔵しているが、なかでも有名なのは、国宝に指定されている十五幅の六道絵《ろくどうえ》である。

これらの絵には、それぞれ上部に色紙形の題辞が付されている。一例として等活《とうかつ》地獄と題された絵をみると、門と塀で絵を上下に分け、門内では鉄の爪で引き裂きあう罪人、鉄棒で容赦なく罪人を打ち砕く赤鬼・青鬼の獄卒、門外では刀の林の中を逃げまわり岩山に押しつぶされる罪人など、凄惨な光景が、地獄の猛火を背景に活写されている。この他、地獄はじめ六道の苦しみの諸相から念仏の利益《りやく》の内容が各幅に次々と展開する。

寺伝ではこれらの絵は、もと三十幅からなる十界図の一部とされてきた。十界とは迷いと悟りのすべての境地を十種類に分けたもので、地獄界・餓鬼界・畜生界・修羅界・人間界・天上界・声聞《しょうもん》界・縁覚《えんがく》界・菩薩界・仏界の十である。このうち前の六界は凡夫《ぼんぶ》の世界、迷の世界、後の四界は聖者の世界、悟りの世界でもあるから、六凡《ぼん》四聖《しょう》という。

## 十界図と源信伝記

現存する源信の伝記で、この十界図と源信のかかわりにふれた最初のものは、おそらく『横川僧都源信和尚行実《ぎょうじつ》』（慧心院源信僧都行実）だろう。これは、源信誕生地とされる当麻《たいま》郷良福寺《りょうふくじ》村（現在の奈良県香芝《かしば》町大字良福寺）阿日《あにち》寺の僧恕哲《じょてつ》が、源信に関するさまざまの伝記を博捜してまとめたもので、徳川八代将軍吉宗の時代の享保三年（一七一八）に完成した。そのなかに、つぎのような一節がある。

天禄《てんろく》皇后（円融《えんゆう》天皇の皇后）が源信に対していうには、「『往生要集』の説くところまことにすぐれているが、愚かな民衆は、これだけではなお信心が起こりがたかろう。

これを絵図にしたならば、その利益はますます広がるだろう」と。承諾した源信は、七日の間、禅定《ぜんじょう》に入り、十界の相を観見し、それを画工に描かせて、覚運・覚超・院源など高弟とともに、図の上に要文を題して奉った。天皇と皇后は大変喜んで宮中に安置したが、閻魔王《えんまおう》の裁判の声、獄卒が罪人を責める声、修羅の戦闘、鬼畜の悲鳴などが画面からもれ聞え、後宮の人びとは怖れたので、これを僧都に還した。その図は今も来迎寺にあり、世に十界図とよばれているものである。

源信の八百五十年忌にあたる慶応二年（一八六六）に作られた法竜の『恵心僧都絵詞伝』は、この『行実』の文章を引用した後に、「その四聖の部分は失われてしまったが、六道受苦の部分は現存し、十界図とよばれている」と説明している。それはおそらく、江戸後期の版本と考えられる来迎寺の『六道絵相略縁起』の、つぎのような説明によったのであろう。

（円融院は『往生要集』を深く信じ）末代女御《にょご》后妃のためにと、此《この》絵相を画かし玉《たま》ひて、則《すなわち》三十幅にあらはし玉ふ。然るに惜むべし、上《かみ》四聖界十五幅は、元亀《げんき》の兵火（信長の叡山焼打ち）に焼失す。残る所の下《しも》六道の分十五幅は、当寺に収りて今に什宝たり。嗟嘆《ああ》娑婆《しゃば》にてつくる罪科の応報、此絵相に現然たり。諸人恐るべし、謹むべし。尚委《なおくわし》くは、往生要集に見へたりと而云《しかいう》。

さらに寺伝では、十界図の筆者を巨勢金岡《こせのかなおか》とするが、金岡は九世紀後半の画家だから、寛和元年（九八五）完成の『往生要集』の絵画化は不可能である。すでに江戸時代の学者たちもこの点に気づき、源信と同時代の巨勢広高（広貴。一五六・一七六ページ参照）などを作者に比定している。なかでも幕末のころ朝岡興禎《おきさだ》が編した『古画備考《こがびこう》』が、十界図といっても実体は六道の図で、しかも描かれたのは、画中の人物の服装から考えて鎌倉時代だろうという注目すべき説をのべている。

この来迎寺の伝金岡筆十界図の成立と伝来をめぐる問題は、戦後になって、以前使用されていた古い軸木《じくぎ》に記された修理銘（八度分を転写したもの）が発見されたことにより、解決した。最初の修理にあたる鎌倉時代の正和二年（一三一三）の墨書銘は、

六道之《の》絵像十五幅之内《のうち》、叡山《えいざん》横川《よかわ》霊山院《りょうぜんいんの》霊宝也《れいほうなり》

と記されており、もともと十五幅からなる鎌倉時代中期の作で、源信の念仏結社運動の拠点として知られる横川霊山院旧蔵の六道絵であったことが判明したのである。八度目の修理である天和三年（一六八三）の銘文に、円融法皇が『往生要集』に触発されて描かせた全三十幅のもので、半分が所在不明と記すから、こうした伝承は江戸時代になって形成さ

れたのであろう。

## 六道絵と『往生要集』

こうして来迎寺蔵の伝巨勢金岡筆十界図は、鎌倉時代中期の作の六道絵であることが確定し、この絵の成立をめぐる円融天皇や后と源信の話が史実でないことは明らかになった。しかしこれらの絵が、六道輪廻の苦しみを説き念仏を勧める『往生要集』の内容を、『往生要集』をよめぬような人びとにもやさしく理解させる「絵解《えと》き」として制作されたという点は、六道絵の内容と目的を正しく伝えているといえるだろう。

これらの絵の上部には、阿鼻地獄図を除き色紙形の中に題辞が付されているが、後に詳しくのべるように、閻魔王宮図《えんまおうきゅうず》と人道苦相図《にんどうくそうず》を例外として、すべて『往生要集』の文章を要約引用しており、その絵の構成も、十五幅のうち「等活地獄」から「天道」までの十三幅は、閻魔王宮図を除いて『往生要集』大文第一「厭離穢土《おんりえど》」と大文第二「欣求浄土」の記述を、残りの二幅は同じく大文第七「念仏の利益《りやく》」の記述を、それぞれ下敷きにして絵解きしているのである。

浄土教美術の研究に大きな足跡を残した大串純夫《おおぐしすみお》氏は、この来迎寺の六道絵は「往生要集絵」とでも称すべきものだと結論しているが、この絵を契機として、以後さまざまな六道絵が描かれるようになる。今日伝えられる「地獄草紙」「餓鬼《がき》草紙」「病《やまい》草紙」などにしても、それぞれ六道の地獄道・餓鬼道・人道（苦相）に対応するところから、六道絵の零巻（部分的に残ったもの）ではないかと推論するむきもある。

六道絵は、群参する大衆を前にして、六道の惨状と、その救済にかかわる阿弥陀さらには地蔵・十王などの利益を絵解きし、人びとを信仰に向わせようとするものである。中世・近世の民衆は、六道絵の絵解きを通じて、死後の地獄に対する恐怖と極楽欣求の念を育んだ。幼い太宰治が女中の語る地獄絵の絵解きにおののいたように、それは近代に至るまで日本人の来世観を形成したが、その六道絵の源をたどれば、源信『往生要集』の記述に到達するであろう。では日本人の来世観に決定的影響を及ぼした『往生要集』では、地獄など六道の苦相と極楽往生はどのように描写されているのか、来迎寺六道絵の絵解きとも対比しながら、順を追ってみていくこととしよう。

# 地獄道の苦しみ

## 厭離穢土

大文《だいもん》第一に厭離穢土《おんりえど》とは、それ三界《さんがい》は安きことなし、最も厭離すべし。今その相を明さば、惣《す》べて七種あり。一には地獄、二には餓鬼、三には畜生、四には阿修羅、五には人《にん》、六には天、七には惣結なり。

『往生要集』の本文は、このような書き出しで始まる。「ひとは、いずれの世界（三界）にあっても、身心の休まることはないのであるから、なにはさておいても、これを厭い離れようとしなければならない」というのである。

三界とは、欲界《よくかい》・色界《しきかい》・無色界の三つの総称で、欲界は欲望にとらわれた生物が住む境域、色界は欲望は超越したが、物質的条件（色）にとらわれた生物が住む境域、無色界は欲望も物質的条件も超越し、精神的条件のみを有する生物が住む境域とされる。仏教では、生物はこれらの境域を輪廻《りんね》すると説いているから、輪廻のない悟りの世界である浄土に対して、輪廻の世界といえる。

なかでも欲界を構成する、地獄から人までの五道と天の一部（六欲天）は、もっとも苦しみ多い欲望の世界であり、『往生要集』厭離穢土の説明も、もっぱらここに集中している。欲天に住む天人の五衰《ごすい》の苦しみを説いた後に、源信は、

天のなかの色界と無色界には、このようなことはないといっても、ついには天を去らねばならない苦しみがある。無色界のなかでも最高の非想天《ひそうてん》でさえも、地獄に堕《お》ちないという保証はない。

と、欲界以外の二界の説明を簡単にすましている。三界の苦しみといっても、具体的に説かれるのは欲界の苦しみであり、なかでも詳細をきわめるのは地獄道の苦しみである。まず、その諸相をみることにしよう。

## 八大地獄

源信は、厭離すべき穢土を三界六道に分けた後、地獄道の記述に入り、まず、

第一に、地獄にもまた分ちて八となす。一には等活《とうかつ》、二には黒縄《こくじょう》、三には衆合《しゅごう》、四

には叫喚《きょうかん》、五には大叫喚、六には焦熱《しょうねつ》、七には大焦熱、八には無間《むけん》なり。

と、地獄を八つに分類する。この八大地獄の想定は、『倶舎論《くしゃろん》』に伝統的解釈として説かれ（『大正新脩大蔵経』二十九巻五八ページ）大乗《だいじょう》仏教に継承されたものである。『倶舎論』は、五世紀に世親《せしん》（ヴァスバンドウ）が著した小乗仏教の書物だが、多くの仏教術語に明快な定義・説明を加えたものだったから、インド・中国・日本を問わず仏教教義の基礎学の書として重んじられた。しかし源信は、地獄の説明をするにあたって、多くの場合、『正法念処経《しょうぼうねんしょきょう》』（『大正新脩大蔵経』十七巻二七ページ以下）を用い、『倶舎論』は、ほとんど引用していない。中村元氏は、その理由を、「恐らくそれが小乗の典籍であって権威が低いとか、倶舎宗は南都（奈良）の六宗の一つとして付随的なものと見なされていたので、叡山としては重視することができなかったとか、種々の理由によるのであろう」と説明している（『往生要集』〈シリーズ古典を読む〉）。

だが源信は生前、「倶舎、因明《いんみょう》は穢土において極め……」と倶舎学について自負の言葉をもらし、寛弘二年（一〇〇五）、六十四歳のときには、『大乗対倶舎抄』十四巻の大著を完成している。そこで源信は「倶舎論とは、三蔵の玄旨にして、六足《ろくそく》の明鑒《めいかん》なり。三千軸の中に、諸法の体用、凡聖《ぼんしょう》の因果を尽せり。月支《がっし》（インド）に呼びて聡明の論となすは、良《まこと》に以《ゆえ》あるか」と『俱舎論』を高く評価し、このような書物が大乗仏教にないのは残念だとして、『俱舎論』の五百余頌《じゅ》に、それぞれ対置すべき大乗経論の文章を引用して異同を明らかにしている。地獄の説明でも、『正法念処経』にははるかに及ばぬとはいえ三ヵ所に『俱舎論』の名を明示して引用しており、決して軽視しているわけではない。地獄の説明に際して源信が『正法念処経』を主として採用した理由について、石田瑞麿氏は、「この『経』にはどんな悪業を犯したものがそこに堕ちるか、それをかならず明記している所に、他の経論と異なった性格をもっていたからであろう」と推論しているが（『極楽浄土への誘い――往生要集の場合――』）、おそらくそれが正しいだろう。なぜ源信が地獄に堕ちる悪業を具体的に示そうとしたかは後にふれるが、従来の日本人一般の地獄観は、かなり漠然としていた場合が多かったから、このように整然とした八大地獄の分類から始まる地獄の記述は、読者に強烈な印象を与えずにはおかなかったろう。

## 等活地獄

地獄を八つに分類した源信は、その中の最初の等活地獄から説きはじめる。初めに等活地獄とは、この閻浮提《えんぶだい》の下、一千由旬《ゆじゅん》にあり。縦広《たてひろさ》一万由旬なり。

仏教の世界観では、須弥山《しゅみせん》を中心に海がめぐり、海中に四つの大陸がある。そのうち南方の大陸が閻浮提とよばれ、われわれの住む世界である。由旬とは、古代インドの里程の単位。六里一町の古代中国里に換算して、四十里とも三十里とも、あるいは十六里ともいう。いずれにせよ、これらの具体的数字はわれわれが毎日の生活を営むこの大地の下に地獄が実在することを、読者に印象づけるであろう。

つぎに源信は、『大智度論《だいちどろん》』『瑜伽論《ゆがろん》』『諸経要集』などによって、等活地獄のありさまを描く。

この地獄の罪人たちは、互いに敵愾心《てきがいしん》をいだき、出会うと鉄の爪で引きさきあう。血も肉も失せて骨だけ残る。あるいは地獄の獄卒が、鉄杖や鉄棒で罪人の全身をこなごなに打ち砕き、あるいは鋭利な刀で、魚を料理するように肉を切りさく。しかし涼しい風が吹いてくると、罪人たちはまた生きかえり起きあがり、同様の苦しみがくりかえされる。あるいは、空中で「また等《ひと》しく活《よみが》えれ」との声がしたり、獄卒が鉄棒で地面を打って「活《かつ》、活《かつ》」（生きかえれ、生きかえれ）と叫ぶと生きかえるのだともいう。等活地獄の名の由来がわかるが、源信は、さらに『倶舎論』によって等活地獄での罪苦を受ける期間、『正法念処経』によってこの地獄に堕ちる罪を記す。

天界の一番下の四天王天の寿命は五百歳だが、四天王天の一昼夜の長さは人間の世界の五十年にあたる。ところがこのように長い四天王天の寿命も、等活地獄の一昼夜にしかあたらない。ここに堕ちた罪人が苦しみを受ける期間は、このような等活地獄の寿命で五百歳なのである。この地獄には、生きものを殺した罪の人が堕ちる。

## 十六別処

ところで等活地獄の四つの門の外には、十六の眷属の別処、すなわち等活地獄に付属した十六の地獄がある。大地獄に対して小地獄とよばれるもので、罪人たちは、ここでも責め苦しめられる。源信は、やはり『正法念処経』によって、それらのうち七つの別処を説明する。

第一に屎泥処《しでいしょ》。熱くて苦《にが》い糞の泥の地獄。罪人はここに堕ちてその糞を食うが、糞泥の中には金剛石のように固いくちばしをもった虫が充満しており、たちまち集って来て、罪人の皮を破り肉を食い、骨をくだいて髄を吸う。むかし、鳥や鹿を殺したものが、この地獄に堕ちる。

第二に刀輪処《とうりんしょ》。高さ十由旬の鉄の壁に囲まれ、猛火が充満している地獄。人間世界の火など、この猛火に較《くら》べれば、雪のようにつめたい。少しでもこの火にふれると、身体は芥子《けし》粒のような細かい灰と化す。また雨のように灼熱の鉄が降り、刀の林から両刃の刀の雨も降る。むかし、物をむさぼり、生きものを殺したものが、ここに堕ちる。

第三に瓮熱処《おうねつしょ》。罪人は鉄の瓮《もたい》の中で豆のように煎《い》り煮られる。むかし、生きものを殺して煮て食べたものが、ここに堕ちる。

第四に多苦処。無量無数の苦痛のあるところ、それは詳しく説明することもできないほどだ。むかし、人をしばり人を打ち、遠くに追いやり崖から落としたり、さまざまに人を悩ましたものが、ここに堕ちる。

第五に闇冥処《あんみょうしょ》。罪人は暗黒の中で闇火《やみび》に焼かれる。暴風が金剛石のように固い山に吹きよせ、罪人は押し砕かれて砂のように散り散りにとばされる。むかし、羊や亀を押し殺したものが、ここに堕ちる。

第六に不喜処《ふきしょ》。大火炎が昼も夜も燃えさかるところ。火を吐く鳥や犬や狐が恐ろしい声をあげて罪人を食い散らす。むかし法螺貝《ほらがい》や鼓《つづみ》で鳥や獣をおびやかし殺したものが、ここに堕ちる。

第七に極苦処《ごくくしょ》。罪人が嶮しい崖の下で、いつも鉄火に焼かれるところ。むかし、生きものを殺し、乱暴残酷な行ないをしたものが、ここに堕ちる。

ここまで説明してきて、源信は等活地獄の十六別処の説明を打ち切る。よりどころとした『正法念処経』が、残りの九処については、八に衆病処（多くの病のある処）、九に雨鉄処（雨のように鉄の降る処）、十に悪杖処（武器のある処）、十一に黒色鼠狼《そろう》処（黒い鼠や狼のいる処）、十二に異異廻転《えてん》処（さまざまに廻転させられる処）、十三に苦逼《くひつ》処（苦しみの逼《せま》る処）、十四に鉢頭摩鬘《ばどままん》処（紅蓮華《ぐれんげ》の鬘《はなかざり》のように肉が寒さで裂け血が流れる処）、十五に陂池《ひち》処（溜池《ためいけ》のある処）、十六に空中受苦処（虚空の中で苦を受ける処）、と別処の名を列記するだけで、その苦相の具体的説明や、ここに堕ちる罪については、省略しているからである。

**来迎寺六道絵の等活地獄図**

このように源信が詳細に記述した等活地獄と別処の惨状を、来迎寺の六道絵はどのように描いているであろうか。

十五幅の絵のうち、右上隅の色紙形の題辞に、

> 等活地獄は、この閻浮提の下、一千由旬にあり。縦広《たてひろさ》一万由旬なり。人間の五十年をもって四天王天の一日一夜となし、その寿五百歳なり。四天王天の寿をもってこの地獄の一日一夜となし、その寿五百歳なり。殺生するもの、この中に堕つ。

と記される一幅がある。等活地獄の位置・広さ、受苦の時間、堕ちる人びとが犯した罪などを記すこの題辞の文章が、『往生要集』の記述を要約したものであることは、明らかである。だが題辞には、等活地獄で罪人が受ける苦しみについての記述はない。それは、この一幅の絵に展開するさまざまの光景によって絵を見る人びとに具体的に指し示す、絵解

等活地獄図（聖衆来迎寺）

きの説明にゆずったからである。では前述した『往生要集』等活地獄の苦相の数かずがどのように描かれているのかをみよう。

画面は門と塀で大きく二分されており、上の門内は等活地獄での、下の門外は等活地獄に付属するという十六別処での罪人の苦しみを描いている。まず門内の右側の画面には、獄卒が鉄棒を振って容赦なく罪人を打ち砕く光景、門内左側上段には、鉄の爪で罪人が互いに引きさきあう光景、中段には、獄卒が罪人を魚のように切りさき料理する光景、そして下段には、白骨と化した罪人が、「活々」という獄卒の声に応じて生きかえり、地獄の責め苦が果てしなく続くことを暗示する恐ろしい光景が描かれている。

門外に目を転ずれば、右上には鉄壁の中で猛火に焼かれる罪人、左上には刀の林を逃げまわる罪人が描かれており、十六別処の第二にあげられる刀輪処の光景である。門外右下には、鉄の瓮《もたい》の中で豆のように煎られ煮られる罪人たち、すなわち瓮熱処の光景が、その左には、暗黒の中で暴風によって山に吹きよせられ砕かれる罪人たち、すなわち闇冥処の光景が、そして左下には、崖下で鉄火に焼かれる極苦処の光景が描かれている。源信が『往生要集』で等活地獄十六別処のうち、第一から第七までの別処について具体的に説明していることは前にのべたが、画面の関係もあってか、第二の刀輪処、第三の瓮熱処、第五の闇冥処、第七の極苦処の四つが『往生要集』の記述にしたがって描かれ、これをもって十六別処の苦相を代表させる構成となっているのである。

このようにみてくれば、来迎寺六道絵の等活地獄図が『往生要集』の当該部分の記述にみごとなまでに対応して描かれていることがわかる。この絵の前に集った参観者たちは、『往生要集』の記述をもとに平易な言葉をまじえて指し示す絵解きの僧の説明に応じて画面の上から下へと順次展開する等活地獄の苦相に引きこまれ戦慄《せんりつ》したことであろう。

さて『往生要集』の記述にもどれば、等活地獄を説き終えた源信は、つづいて二番目の大地獄である黒縄《こくじょう》地獄に移る。

## 黒縄地獄

黒縄地獄は、等活地獄の下にあり、その広さは等活地獄と同じである。罪人は獄卒によって熱い鉄の縄で身体に縦横に墨縄《すみなわ》を引かれ、その線のとおりに斧や鋸でばらばらに切りさかれる。交錯した熱い鉄縄の下に追いこまれた罪人は、身体に縄がからまり焼かれる。また左右に大きな鉄の山がある。山の上にそれぞれ鉄の幢《はた》を立て、幢から幢へ鉄の縄を張る。縄の下には大きな釜があり、罪人を縄をつたい歩かせ、この釜に落として煮るのである。ここで受ける苦しみは、等活地獄と十六別処のすべての苦しみを十倍した重い苦しみである。獄卒は罪人を責めたてていう。

人の心こそが一番の怨《あだ》をなすのだ。心の怨が一番の悪を働き、人をしばって閻羅《えんら》王のもとに送るのだ。お前ひとりが地獄で焼かれ、自分の悪業《あくごう》によって食われるが、妻子・兄弟らも、これを救うことはできないのだ。

忉利天《とうりてん》の天人の寿命は一千歳だが、その一昼夜は人間の寿命の百歳にあたる。ところが黒縄地獄で罪人の受ける苦しみの期間は、忉利天の一千歳の寿命を一昼夜として一千歳にあたるほど長い。生きものを殺し、盗みをしたものが、この地獄に堕ちるのである。

ここにも等活地獄同様、十六の別処があるが、源信は『正法念処経』が具体的に説明している等喚受苦処《とうかんじゅくしょ》、旃荼《せんだ》黒縄処、畏鷲処《いじゅ》の中から、つぎの二つをとりあげる。

まず等喚受苦処。はるかに高く嶮しい崖の上から、罪人を黒縄でしばって突き落とす。下には鋭い刀が焼けた地の上に立っており、炎を吐く犬が落ちた罪人にかみつき身体はばらばらにされる。声をかぎり叫んでも、だれも助けてくれない。むかし仏法について誤った説をのべたり、不誠実であったり、崖から投身自殺したものが、ここに堕ちる。

また畏鷲処。獄卒が杖で打ちすえ、昼夜の別なく罪人を追いまくって、刀で切り、矢で射る。むかし物欲から人を殺したり、人をしばって食を奪ったものが、ここに堕ちる。

**来迎寺六道絵の黒縄地獄図**

では来迎寺六道絵が、黒縄地獄をどのように描いているかをみよう。前にみた等活地獄図の場合同様、『往生要集』の記述に対応しているであろうか。

右上の色紙形の題辞に、

黒縄地獄は等活の下にあり。縦広《たてひろさ》一万由旬なり。人間の一百歳をもって忉利天の一日夜となし、その寿《いのち》一千歳なり。忉利天の寿をもって一日夜となし、この地獄の寿一千歳なり。殺生《せっしょう》、偸盗《ちゅうとう》せるもの、この中に堕つ。

とあり、この絵が黒縄地獄図であるとともに、題辞の文章が等活地獄図の場合同様、『往生要集』の記述の要約として書かれていることを知るのである。

そこで画面をみると、等活地獄図のそれと同様、門と塀で上下に二分し、上の門内が黒縄地獄の内部、下の門外が黒縄地獄に付属する別処を描く構成である。門内の左側では、罪人たちは熱い鉄の墨縄で墨を打たれ、鋸挽《のこぎりびき》にされ、右側では、熱い鉄縄の網に入れられて焼かれている。そして門内中央の上段では、この地獄を代表する恐ろしい刑罰、左右の鉄山の頂の幢の間に張られた鉄縄のつな渡りをさせられる罪人が、煮えたぎる釜の中へ落下していく姿が描かれている。

黒縄地獄図（聖衆来迎寺）

門外左側は、崖の上から黒縄にしばられて白刃が立つ焼けた地上に突き落とされる罪人、これにかみつこうとする猛犬など、等喚受苦処の光景が、右側には、罪人たちが獄卒に杖で打たれ追いまくられる畏鷲処の光景がみえる。

このように黒縄地獄図の画面も、『往生要集』の記述のままに構成展開している。ことに付属する別処について、『往生要集』は等喚受苦と畏鷲の二つだけを具体的に記述しているが、画面構成がこれと一致するのは、『往生要集』の絵解きであることを端的に示している。

## 衆合地獄

『往生要集』の記述にもどれば、第三の大地獄は衆合《しゅごう》地獄であり、それは黒縄地獄のさらに下にある。

たくさんの鉄の山が向いあっており、牛頭馬頭《ごずめず》の獄卒たちが、責め具を持って罪人を山の間に追いこむと、山は両方から迫って来て罪人を押しつぶす。体は砕け血は流れて地に満ちる。あるいは鉄の山が空中から落ちてきて罪人を打ち砕き、あるいは罪人を鉄の臼《うす》に入れて、獄卒が鉄の杵《きね》でつく。

しかしこの地獄の恐ろしさを代表するのは、なんといっても邪欲の人が堕ちる刀葉の林である。獄卒は罪人をつかまえて、刀のような鋭い葉が茂った林のなかに置く。罪人が木の上をみると、美しい女性がいる。罪人は美女を求めて木に登るが、鋭い葉が全身を切りさく。ようやく登りおえると、美女はいつの間にか地上に降りている。媚《こび》を含んだ目で罪人を見上げて美女はいう。「あなたを慕って降りて来たのに、どうしてあなたは私のそばに来ないの。私を抱かないの」。これをみて罪人は欲情をもやして木を降りるが、上向きの剃刀のような葉によって、また全身を切りさかれる。ようやく地上に降りてみれば美女は木の上である。罪人は、また木に登る。このような果てしないくりかえし、それは罪人の邪欲が原因である。獄卒は罪人を責めていう。

お前は、他人の行なった悪により他人の苦の報いを受けているのではない。これこそは自業自得《じごうじとく》。おのれ自身の報いから逃れられる人はない。

人間世界の二百歳が夜摩天《やまてん》の一昼夜にあたる。夜摩天の天人の寿命は二千歳である。しかしこの衆合地獄の罪人は、夜摩天の寿《いのち》をこの地獄の一昼夜として、二千年の間、苦しまなければならない。生きものを殺し、盗みをし、邪淫のものが、この地獄に堕ちるのである。

この地獄にも、やはり十六の別処、小地獄がある。源信はその中の三つを『正法念処経』の所説を要約して説明する。

最初の悪見処は、他人の幼い子供に性行為を強要し、泣き叫ばせたものが堕ちるところ。罪人がみると、自分の子供も地獄の中にいる。獄卒は鉄の杖や錐で子供の陰部を刺し、鉄の鉤《かぎ》を陰部に打ちつける。自分の子供が苦しむ姿を目前に見て、罪人はわが子愛《いと》おしさの情に堪えず、悲しみのあまり悶絶《もんぜつ》する。罪人は、こうした心の苦しみに加えて、熱した銅を肛門にそそぎこまれるなど肉体の苦を永く受け続ける。

第二の多苦悩処は、男色の行為をしたものが堕ちるところ、第三の忍苦処は、他人の妻を奪い犯したものが堕ちるところで、いずれも焼かれては活《よみ》がえるという苦しみをくりかえしくりかえし受ける。

### 来迎寺六道絵の衆合地獄図

来迎寺六道絵をみていくと、上部の色紙の題辞に、衆合地獄は黒縄の下にあり。広さ一万由旬なり。多くの鉄山ありて両両あい対す。人間の二百歳をもって夜摩天《やまてん》の一日夜となし、その寿二千歳なり。かの天の寿をもって、この地獄の一日夜となし、その寿二千歳なり。殺生《せっしょう》、偸盗《ちゅうとう》、邪婬《じゃいん》のもの、この中に堕《お》つ。

と、等活・黒縄地獄図の場合同様、『往生要集』の記述を要約した文章が書かれた絵があり、この絵が衆合地獄図であることを知る。

衆合地獄図（聖衆来迎寺）

かつて大串純夫氏が、図様の配置や筆のはたらきなど、来迎寺六道絵の地獄図のなかでもっとも優れていると評した絵だが、やはり門と塀で画面を上下に二分し、上の門内には衆合地獄、下の門外には付属の別処での受苦のありさまを、『往生要集』の記述にしたがって精緻に描いている。

門内左側には、山の間に追いこまれ押しつぶされる罪人たち、その上には空中から落下してくる鉄山（絵では大きな岩石の感じだが）、右側には、獄卒たちが罪人を鉄臼に入れて杵でつきつぶす光景が描かれる。そして鉄臼の上の方には、衆合地獄を特徴づける刀葉の林の苦相、刀葉の木の上と下に坐す美女と、その姿に欲情し空しく木を登り降りしておのれの身を切りさく罪人の姿が活写されている。

さらに門外では、獄卒に責められる罪人の子供と、おのれの罪の報いにおののく罪人を描いた悪見処の光景、男色の相手を追って崖から落ちて焼かれる多苦悩処の苦しみ、他人の妻を奪った罪人が木からつるされ火に焼かれる忍苦処と、三つの別処の苦相が描かれている。衆合地獄に付属する十六別処のうち、『往生要集』が具体的に記述しているのはこの三つの別処だけであるから、来迎寺の六道絵が『往生要集』の絵解きとして描かれたことは、ますます明らかであろう。

## 叫喚地獄

『往生要集』が記述する第四の大地獄は、衆合地獄の下の叫喚地獄である。

叫喚地獄の獄卒は、金色の頭で眼から火を放ち、赤い着物をまとい、長い手足で疾風のように走る。罪人は、この閻羅王配下の獄卒に、あわれみの心でしばしの許しを与えるよう願うが、獄卒は容赦なく罪人を釜で煮たり、金鋏《かなばさみ》で口をこじ開け煮え滾《たぎ》る銅を流しこむ。罪人は、獄卒の非情を恨んでいう。

あなたには、どうして悲心――あわれみの心――がなく、このようにわれわれを呵責するのに走りまわるのだ。地獄に堕ちた私こそは悲心の器《うつわ》、あわれみをかけられるべき境遇の私に対して、どうしてあわれみをかけてくれぬのか。

獄卒は、罪人に答えていう。

お前は愛欲の羂《わな》に誑《たばか》られて、悪・不善の業《わざ》をなし、いまその悪業の報いを受けているのだ。なんで私を恨むことがあろう。

また、こうもいう。

お前は、むかし悪業をなし、貪欲と愚痴――むさぼりと愚かさの煩悩――に誑られたのだ。その時に悔いることなく、いまになって悔いたとて、どうなろうか。

かつて高橋和巳が小説『悲の器』の巻頭に引用した罪人と獄卒の悲しい偈《げ》の問答である。

この叫喚地獄での罪人の受苦の期間も、果てしなく長い。都率天《とそつてん》の一昼夜は人間世界の四百歳にあたり、都率天の天人の寿《いのち》は四千歳。この都率天の寿を叫喚地獄の一昼夜として、地獄での寿は四千歳である。殺、盗、婬、飲酒《おんじゅ》の罪を犯したものが、叫喚地獄に堕ちるのである。

そしてここにもまた、十六別処の小地獄がある。その一つ、火末虫《かまっちゅう》という小地獄には、むかし、酒を売るのに水を加えて儲けたものが堕ちて、四百四病とよばれるような、あらゆる病苦を受ける。病にかかると体から虫がはい出し、皮膚も肉も骨も髄までも、すべて食い尽す。

また、雲火霧《うんかむ》という小地獄には、むかし酒を勧めて相手を泥酔させ、嘲《あざけ》り弄《もてあそ》び、恥かしめたものが堕ちる。獄卒が罪人をとらえて業火の中に追い込むと、罪人の全身は一瞬にして失せる。業火の中から引き出すと、また生きかえる。これを果てしなくくりかえすのである。

## 来迎寺六道絵と叫喚地獄など

ところで来迎寺六道絵のなかには、この叫喚地獄と、続く大叫喚・焦熱・大焦熱地獄の苦相を『往生要集』の記述によって描いた絵はない。正和二年（一三一三）の墨書銘によれば、当時から十五幅しかなかったのだから、もともと描かれなかったのかもしれない。なお大焦熱地獄図と関係するかと思われるものに閻魔の裁判の絵があるが、これについては後述する。

**大叫喚地獄**

叫喚地獄のさらに下に、第五の大地獄の大叫喚地獄がある。この地獄の広さは叫喚地獄などと同じであり、受ける苦相も同じだが、前の四つの地獄、もろもろの別処の一切の苦しみを十倍にして受けるという重い苦しみの世界である。人間世界の八百年は、化楽天《けらくてん》の一昼夜にあたり、化楽天の寿は八千歳という。ところがこの化楽天の寿も大叫喚地獄の一昼夜にしかあたらず、この地獄での受苦は八千歳続く。殺、盗、婬、飲酒、そして妄語《もうご》、すなわちうそいつわりの言を弄したものが、ここに堕ちるのである。獄卒は罪人を責めていう。

妄語は最初の罪の炎。その炎は海原《うなばら》も焼くことができる。まして人を焼くことなど、草木の薪を焼くようなもの。

**焦熱地獄**

大叫喚地獄の下にある第六の大地獄が焦熱地獄。獄卒は罪人を熱い鉄の地上に横たえ、鉄棒で打ったり搗《つ》いたりして肉団子のようにしてしまう。あるいは鉄の串を肛門から頭まで貫き通し、裏返し裏返し火に炙《あぶ》る。この地獄の豆粒ほどの火でも、人間世界に持って行ったら、一瞬にしてすべてを焼き尽すだろう。この焦熱地獄の火に焼かれる罪人たちは、前の五つの地獄の炎を遠くながめ、この地獄の炎に較べれば、あの炎など霜や雪のように涼しいと思うのだ。

人間世界の千六百年は他化自在天《たけじざいてん》の一昼夜にあたり、他化自在天の寿命は一万六千歳である。しかしその長い他化自在天の寿命も焦熱地獄の一昼夜にしかあたらず、この地獄の寿命、罪人の受苦の期間は一万六千歳である。殺、盗、婬、飲酒、妄語、それに加えて邪見の輩、すなわち仏教の因果の理を否定するような邪《よこ》しまな考えをもったものが、この地獄に堕ちる。

この地獄の場合も、四つの門の外に十六の別処がある。その一つは分荼離迦《ぶんだりか》、すなわち白い蓮華《れんげ》という名の小地獄である。ここは、すべてを覆う猛火のところだが、焼き尽すと白い蓮華が咲き清水が流れる。他の地獄の罪人がこれを見てよびかける。

おい、速く来い、走って来い。ここには白い蓮華の咲く池があるぞ。水は飲めるし、林には涼しい木陰もあるぞ。

これを聞いた罪人が走って行くと、道には火炎が充満した穴が待ち受けている。落ちて焼け、焼けては活《い》きかえり、ようやくたどりついてみれば、白い蓮華の池は猛火と化す。その炎の高さは五百由旬、罪人はその炎に焼かれ、活きかえりまた焼かれる。ここには、断食し餓死して天に生まれようと願ったり、他人にも勧めて邪しまな考えをいだかせたものが堕ちるのである。

また闇火風《あんかふう》という小地獄もある。罪人は暴風に吹かれ、虚空の中でつかまるところもなく、車輪のようにぐるぐると回転させられる。回り終ったところに、ひときわ猛烈な風が吹いて、罪人の身体は砂のように砕けて飛散する。飛散し終ると活きかえり、活きかえると飛散し、いつまでもくりかえす。「この世には、常に変らないもの（常）と、変るもの（無常）がある。変るものは身体、変らぬものは物質を構成する地・水・火・風の四要素（四大《しだい》）」などと、真の悟り以外は諸行無常を説く仏の教えに反する邪見を抱く人が、この苦しみを受けるのである。

## 大焦熱地獄

焦熱地獄の下にある第七の大地獄が、大焦熱地獄。ここの広さは焦熱地獄と同じで、苦しみの相もまた変りないが、これまでの六つの大地獄と、それぞれに付属する小地獄で受けるすべての苦しみを十倍した苦しみを受けるのである。

ここでの罪人の寿命は、一中劫《ちゆうごう》の半ばである。仏教は、世界の成立と破壊を、成《じよう》・住《じゆう》・壊《え》・空《くう》という四つの劫（大劫）で説く。たとえば住劫は二十中劫からなり、その一中劫とは、当初はこの世に化生《けしよう》し寿命も無量であった人間が、男女の別や欲心が生じて寿命がようやく八万歳まで減り、その後さらに百年に一年ずつ寿命が減じて八万歳が十歳になるまでの期間である（木村泰賢『小乗仏教思想論』）。それはほとんど無量の年数といってよく、劫《ごう》を単位とする寿命とは、これまでの地獄の具体的年数をもって示すことのできる寿命と、根本的に性格を異にするのである。

この地獄には、殺、盗、婬、飲酒、妄語、そして仏の戒を守っている尼を犯したものが堕ちる。この悪業の人は、中有《ちゅうう》すなわち死後地獄の生を得るまでの間に、大地獄の相を見せつけられる。閻羅《えんら》王配下の獄卒が、罪人の咽喉《のど》もとを引っつかみ、六百八十万由旬にわたり陸地や海や島や城を通り過ぎ、海の外側に出てから、さらに三十六億由旬を行った後に徐々に十億由旬を下降して行く。

およそ風の中では、悪業《あくごう》の結果として生じる地獄の風の業風《ごうふう》がもっともすさまじい。その業風が、悪業の人をこの地獄に運んでくるのである。閻魔羅王《えんまらおう》（閻羅王）は到着した罪人をさんざんに呵嘖し、それが終ると罪人は悪業の羂《なわ》にしばられて地獄に向う。はるか遠くに大焦熱地獄の火炎を見、百千万億無数《むしゅ》の年数、地獄の罪人たちの泣き叫ぶ声を聞き、その悲しみと恐ろしさに、十倍する恐怖をあじわう。獄卒たちは罪人を責めていう。

お前は、地獄の声を聞いただけで、もうこれほど恐れている。まして地獄の炎で枯れ草のように焼かれるのだから。お前を焼く炎は、この世の炎ではない。お前の犯した悪業が炎となってお前を焼くのだ。この世の炎は消すことができるが、悪業の炎を消すことはできない。

このように責めた後に、獄卒は罪人をつれて地獄に向う。大焦熱地獄の火炎は高さ五百由旬、広さ二百由旬、その炎の激しさは、罪人が作った悪業の激しさである。獄卒は、罪人を、その炎の中につき堕す。

この大焦熱地獄の四つの門の外にも、十六の別処、小地獄がある。その一つは、針の穴ほどの隙もなく、天まですべて炎で充満している。罪人は炎の中で、泣き叫び無限に焼かれ続ける。穢れなき在家の仏教信者の女性を犯したものが堕ちるのである。

また普受一切苦悩《ふじゆいっさいくのう》という別処がある。炎の刀で全身の皮を剝《は》ぎさき、その身を焼く。仏に仕える出家の身でありながら、仏の戒を守っている女性に酒を飲ませて誘惑し情を通じたものが堕ちるのである。

### 阿鼻地獄

八大地獄の最後の阿鼻《あび》地獄は、大焦熱地獄の下、欲間の一番底に位置する。

阿鼻とは、サンスクリットで無間《むけん》（間断ない）の意味、すなわち断え間なく苦を受ける地獄である。罪人は、阿鼻地獄に向って堕ちて行くとき、地獄に生まれ変るまでの中有の間に、泣き叫んでいう。

すべては炎、ただ炎だ。空を覆い、隈《くま》もなく、四方、八方、地上も、一切が火炎だ。暗黒の地上には、悪人が満ちあふれている。私はいま帰るところもなく、孤独で同伴者《とも》もいない。悪処の闇《やみ》の中、大火炎へと入る。私は虚空の中に、日も月も星の光も見ることはない。

この時、閻羅王の配下の獄卒たちは、怒りの心をもっていう。

劫の永きを重ねるも、大火がお前の身を焼き尽す。おのれは痴人として悪を作った。今さらなにを悔いるのか。これは汝と無縁のものの所為《せい》ではない。汝が自業《じごう》の羅《あみ》に繋《け》縛《ばく》されたのだ。汝を救う人などおろうか。今の汝の苦しみは、大海の中から取ったわずか一掬《きく》の水ほどのもの。今後受ける苦しみこそが、大海のように果てしないのだ。

このように責めた後、獄卒は罪人を引きつれて地獄へ向う。阿鼻地獄の手前二万五千由旬で、早くもかの地獄の罪人の泣きさけぶ声が聞え、恐怖は十倍し、罪人は悶絶する。そして頭は下に足は上に、真逆さまに、二千年の時間をかけて、みな下へ下へと堕ちて行く。そのかの阿鼻城は、縦横広さ八万由旬、七重の城壁、七重の鉄網が巡っている。その下に十八の隔壁があり、刀の林が周囲をめぐり、四角《よすみ》には四つの銅の犬がいる。身の丈四十由旬、眼は電光《いなずま》のようで、毛孔から猛火を出し、その煙はたとえようもない悪臭である。十八人の獄卒がおり、羅刹《らせつ》・夜叉《やしゃ》の恐ろしい形相で、六十四の眼から鉄丸を飛ばし、頭上には八つの牛頭《ごず》を頂き、牛頭のそれぞれに十八の角《つの》が生えている。城内には、沸騰した銅が湧き出す八十の釜、八万四千の鉄の大蛇、八万四千の嘴《くちばし》を持った五百億の虫などが満ち満ちている。八万四千の苦の中の苦が、こぞってこの城中にあるのだ。

この無間地獄の寿命は、一中劫である。ここには、父母や聖者を殺し、仏を傷つけ、教団の和を破壊するなど五逆の大罪を犯し、仏の説く因果の道理を否定し、大乗の教えを誹謗し、殺生・偸盗・邪淫・妄語の四重の罪を犯し、しかもいつわって信者の布施を受けたものが堕ちるのである。

以上の阿鼻城の様子や無間地獄（阿鼻地獄）へ堕ちる罪について、源信は『観仏三昧経《かんぶつざんまいきょう》』によって説明している。これまでの地獄については、ほとんど例外なく、『正法念処経』によっていたのに、無間地獄については、なぜ『観仏三昧経』を用いたのか。石田瑞麿氏は、『正法念処経』の場合、この地獄に堕ちる罪を五逆罪にかぎっているのに対し、『観仏三昧経』が、因果の否定以下の諸罪も加え、ことに「不当に信者の施しを受けること」をあげているのが、源信の心にとまったためではないかとしている。

若き日の源信は、師良源《りょうげん》の下、貴族の法会《ほうえ》などの席で華やかに活動していたが、高価な施物を母に送ったところ厳しくたしなめられ、山に隠居し浄土の道を求めるようになったと初期の伝記は記している。またそのころ源信が書写山《しょしゃざん》に性空《しょうくう》聖人を尋ね、世俗を避け名利に背を向け、日々の糧にも事欠く清貧真摯な信仰生活に感動して、「世々《せぜ》生々《しょうじょう》（現世も来世も、未来永劫）我が師とならん」との詩を呈したのも、有名な事実である。そうした価値観の転換が、かつて自分が犯した「不当に信者の施しを受けること」を五逆・四重と並ぶ無間地獄の罪と意識させたのであろうか。『往生要集』執筆当時の源信の心境の一端が反映しているとも考えられ、興味深いところである。

## 阿鼻地獄の苦

ついで源信は、『瑜伽《ゆが》師地論』によって阿鼻地獄の苦しみをのべる。そこには石田氏もいうように、『観仏三昧経』にはない、罪人たちの苦悩の姿が描かれているからであろう。

東方数百由旬のかなたから、さらには南や西や北からも、猛火が襲ってくる。火焔と火焔には間断なく、ただ火の中から苦しみに迫られた泣き声が聞こえることで、そこに人がいると知られるだけだ。獄卒たちは、罪人を熱い鉄の山に追いあげ追い落とし、あるいは罪人の口から舌を引き出し、牛の皮でもなめすように、のばして鉄釘《てつくぎ》で張りつける。また金《かな》鋏《ばさみ》で口をこじあけて、熱い鉄丸やとけた銅を流しこむ。それは罪人の咽喉から臓腑を焼き、肛門から流れ出す。

その上で源信は、『正法念処経』によってつぎのようにのべる。阿鼻地獄の苦しみとは、阿鼻地獄以外の七大地獄と付属の別処のすべての苦しみを一千倍したよりも激しいものだ。阿鼻地獄に堕ちた人が大焦熱地獄の罪人をみたら、六欲天の最高位の他化自在天の天人をみるようにうらやむだろう。阿鼻地獄の恐ろしさは、とても言葉で説き尽すことができない。聴くことも、たとえることもできない。もしその実相を説き、これを聞く人がいたならば、その人は恐怖のあまり血を吐いて死ぬだろう。

この地獄にも、やはり四つの門の外に、十六の小地獄が付属している。その一つ鉄野干《てつやかん》食処《じきしょ》では罪人の体が十由旬の火柱をあげて燃えている。鉄の瓦が夏の夕立ちのように降りそそぎ、罪人の体を乾肉のように引きちぎる。ここには、むかし仏像や僧房を焼いたものが堕ちるのである。

また黒肚処《こくとしょ》という別処がある。罪人は飢えてわが身を食い尽す。食い尽すとまた生きかえり、また食う。ここはむかし、仏の財物を取って食費としたものが堕ちるのである。

また雨山聚処《うせんじゅしょ》という別処がある。一由旬もある大きな鉄の山が落ちてきて罪人を砂のようにこなごなにしてしまう。砕かれては生きかえり、生きかえると砕かれ、苦しみが無限に続く。辟支仏《びゃくしぶつ》（独自の修業で覚りを開いた人。独覚《どっかく》・縁覚《えんがく》ともいう）の食を盗んで食べたり、他人に食を与えなかったものが堕ちる。

また閻婆度処《えんばどしょ》という別処がある。象のように大きい閻婆という鳥がいて、嘴《くちばし》から炎を出し、罪人をつかんで空中から落とし、ばらばらにする。鋭い刃が道に満ちて罪人の足を切り割き、歯から火を出す犬が身体にかみつく。むかし、人びとが用水としている河を決壊させて、人びとを渇き死にさせたものが堕ちるのである。

源信は、八大地獄でももっとも苦しみ多い阿鼻地獄（無間地獄）を、『瑜伽論《ゆがろん》』『倶舎論《くしゃろん》』『正法念処経《しょうぼうねんしょきょう》』などによって説き終った後に、この他に八寒地獄などというものもあるが述べるいとまがないので省略するとして、地獄についての記述をおえている。八寒地獄は『倶舎論』や『大智度論』などに出て来る、むかし寒さにふるえる人から衣服や薪を奪ったものが堕ちて、厳寒に苦しむ地獄であるが、その内容は経論によって一様ではない。また『倶舎論』には、各人が個々の業によって招く個別的な地獄として、孤地獄というものもあげているが、源信はまったく触れていない。その理由は別に考えてみる必要もあるが、ここでは『往生要集』の記述にしたがって、地獄道から六道の第二にあげられる

阿鼻地獄図（聖衆来迎寺）

餓鬼道の苦相に目を転じることとしたい。なお、例の来迎寺六道絵のなかの地獄図としては、阿鼻地獄図と閻魔王宮図が残っているので、餓鬼道に移る前に、この二幅についてふれておこう。

### 来迎寺六道絵の阿鼻地獄図

来迎寺六道絵には、色紙形の中に題辞が記入されていないが、画面からみて、明らかに『往生要集』の記述にもとづいた阿鼻地獄（無間地獄）図と考えられるものがある。

これまでの七つの大地獄の苦しみを合せた千倍の苦しみという阿鼻地獄、その苦しみを語ったり聞いただけでも、人は恐怖のあまり血を吐いて死ぬという阿鼻地獄。門外には、罪人を運び迎える怪異な獄卒たちの姿だけを描いて別処の光景を省略し、画面の大部分を阿鼻地獄内部の描写にあてている。

門内のすべての空間を猛火が覆い、そのわずかの切れめに、火を吐く猛犬・大蛇に襲われ、八万四千の嘴から火を流す虫に食われ、獄卒によって金鋏で口をこじあけられて灼熱の鉄丸や銅を流しこまれ、あるいは口から舌を引き出され鉄釘《てつくぎ》で地面に張りつけられる罪人の姿が見え隠れする。『往生要集』が記す阿鼻地獄の苦相が画面に巧みに配置して描かれており、絵解きの僧が指し示すままに展開する阿鼻地獄の苦相の数々は、参観する人びとを戦慄させずにはおかなかったであろう。

**来迎寺六道絵の閻魔王宮図**

ところで来迎寺の六道絵には、地獄を画題としているが、いままでにのべた『往生要集』の絵解きである四幅の地獄図とは異なった構図の、閻魔王宮図とでもよぶべき絵がある。閻魔王庁の宮殿中央に閻魔が坐り、左右に諸王を従え、庭に引き出された亡者の生前の善悪を浄頗梨《じょうはり》の鏡に写し出して裁判している。描法からみて他の絵と同じ画家の手になるものだろうというが、絵の左右上隅の色紙形に書かれた題辞は、「経に云う。……五七日《ごしちにち》、閻羅王の裁判に遇う。……」など、『往生要集』には記されない閻羅王（閻魔王）の裁判を説明した内容である。「経」とは、その文章からみて『地蔵十王経』と考えられ、この絵は『往生要集』の絵解きではなく、平安時代最末期から鎌倉初期にわが国で偽作された『地蔵十王経』の閻魔王の裁判の場面の絵解きというべきだろう。

人は死後、順次十人の冥府の王の審判を受けて生前の功罪が裁かれるとは、中国の『十王経』で説かれているが、この信仰が日本に伝えられて発達し、『地蔵十王経』が偽作され、死後五七日、すなわち三十五日目には地蔵を本地仏とする閻魔王の裁判が行なわれると説かれるようになった。鎌倉前期以後、この信仰にもとづく地蔵十王図も盛んに描かれ、

閻魔王宮図（聖衆来迎寺）

民衆に地獄の恐怖、生前の作善《さぜん》、死後の追善《ついぜん》仏事の必要が強調された。

大串純夫氏は、『往生要集』の大焦熱地獄の条に閻魔羅王と獄卒が罪人を責める記述があるので、この絵は大焦熱地獄図の代りに描かれたのではないかと推定している。ただ、そこでの閻羅王についての記述は簡単なので、画家は十王図などを参考に構図し、題辞も『往生要集』からではなく『地蔵十王経』の要約を記したのであろう、というのである。しかし、この絵は仮に大焦熱地獄図に代るものとして描かれたとしても、江戸時代の来迎寺では、『往生要集』の大焦熱地獄の位置、すなわち衆合地獄図と阿鼻地獄図の間ではなく、全十五幅の一番最初に置かれていた。おそらく参観する善男善女への説法の場では、まず死後の世界での閻魔の裁判の光景を通じて、地獄の恐怖、生前の作善、死後の遺族による追善の必要性を強調し、さらに『往生要集』の絵解きとして地獄以下六道の苦相と念仏の利益を説いたのであろう。『往生要集』に記す地獄と極楽の世界が、中世・近世の民衆布教の絵解きの場でどのように説かれたのかを考える上で興味深いが、この問題は後にあらためてふれることとしたい。

# 地獄以外の諸道の苦しみ

## 諸悪道の苦しみ

『往生要集』大文第一は、地獄から天まで三界六道の苦相をのべるのだが、実際には分量にして全体の六割近くを地獄道の苦相の描写に費やしている。八大地獄とその別処について、「これでもか、これでもか」というような、微に入り細をうがつ苦相の記述のくりかえし、ことに地獄で罪人が苦しみを受ける時間について、具体的な数字を順を追って積み重ねる記述は、大江健三郎が「永さの『科学的』な記述」と評したように、超現実的な数字でありながら奇妙なリアリズムで読者をとらえてしまう。後世、『往生要集』が『地獄物語』とよばれたり、六道と極楽が対比されているはずなのに、「地獄と極楽」といった形で、地獄以外の五道が捨象されがちなのも、無理からぬところである。

源信が『正法念処経』を重視した理由のところでもふれたが、それぞれの地獄には、どのような罪を犯したものが堕ちるのかを『往生要集』は明記している。「むかし……の者ここに堕つ」といった形だが、ここに列記される罪は、いずれも人間世界にあって考えられる罪だから、この「むかし」も人間として生を受けていた時のことであり、要するに現に人間として生を受けているわれわれの立場から、念仏などの善業によって生ずる浄土と悪業によって堕ちる地獄が、来世として対置されている。地獄と合せて三悪道（三塗《さんず》・三途）とよばれる餓鬼道と畜生道についても、簡単だが人間世界でのどのような行為がそこに堕ちる業因となるか説明されている点、共通している。

六道輪廻《りんね》という場合、輪廻とは永遠に自己回転する再生の輪であり、六道のいずれかだけに永遠に止まることはあり得ない。地獄に堕ちた衆生《しゆじよう》も、またいずれかの世界に再生するであろう。『正法念処経』も、地獄で永く苦を受けて悪業尽きた後は、地獄から流転して畜生・餓鬼に生まれ、あるいは人間として生まれても貧窮短命で終るといった説明をしているが、『往生要集』の場合、地獄からの再生についてはまったくふれず、現世と、その現世における業因の結果としての来世という関係だけで六道と浄土をとらえている。六道も極楽浄土も、現に人道にいるわれわれにとっては、来世として同一線上にあるのである。このように「次の世」だけを直接の問題とすれば、もっとも苦しみ多い地獄道が極楽浄土の対極として力をこめて描かれるのも当然で、人びとを欣求浄土《ごんぐじょうど》へ導く方便《ほうべん》としては、地獄道の苦相の記述だけで十分かもしれない。しかし地獄以外の諸道についても、それぞれの苦相があり、歓楽きわまりないような天道もまた輪廻の世界に止まることを明らかにするのは、輪廻なき第七の世界としての極楽浄土に人びとを向わせるためには必要であろう。その意味で、餓鬼・畜生・修羅・人・天の各道についての『往生要集』の記述を、順を追って紹介してみよう。

**餓鬼道の苦しみ**

餓鬼道とは、物おしみをし、貪り、そねみ、ねたんだものが、鬼となって堕ちる世界である。餓鬼の世界は二つあり、一つは地下五百由旬、閻魔王の国にあり、いま一つは人間世界と天界の間にあるという。餓鬼となったものは、人の世の一ヵ月を一昼夜として五百歳の間、ここで苦を受けるのである。

源信は、『正法念処経』によって、餓鬼道の鬼のさまざまをのべる。钁身《かくしん》という鬼は、人間の倍の身長があるが顔も目もなく、手足は钁《かま》（釜）の脚のようである。火が身体の中に充ちて身を焼く。むかし、財を貪り、殺生を行なったものが、この報いを受ける。

食法《じきほう》という鬼は、色は黒雲のように黒く、涙を雨のように流し、食を求めて走りまわっている。寺で祈禱や説法したりしているのにめぐり会うと、これで力を得て生命をつなぐ。むかし、名誉や利益を得ようと不浄の説法をしたものが、この報いを受ける。

食水《じきすい》という鬼は、飢えと渇きに水を求めるが苦しむばかりで得ることができない。この鬼は、長い髪が顔におおいかぶさっていてなにも見えず、河のほとりで渡る人の足から落ちるしずくや、亡くなった父母に供えられた水などをわずかに飲んで生命をつなぐ。自分から水をくんで飲もうとすると、水を守る鬼たちが杖で打ちすえる。むかし酒に水を加えて売ったりしたものが、この報いを受ける。

悕望《けもう》という鬼は、この世の人が亡くなった父母の追善に供えものをした時だけ、その供えものを食べることができる。人が苦労して得たものを、だまし取ったものがこの報いを受ける。

さらに源信は、『六波羅蜜経《ろくはらみつきょう》』や『大智度論《だいちどろん》』や『瑜伽論《ゆがろん》』に記す、恐ろしい餓鬼の例もあげる。

ある鬼は、昼夜におのおの五人の子供を生むが、飢えのため、生むたびにその子を食べてしまう。それでも飢えの苦しみから逃れることができない。まるでゴヤが描く「わが子を喰うサトウルヌス」の画面を想い起こさせる恐ろしい報いである。

またある餓鬼は、食物をなに一つ食べることができぬまま、自分で自分の頭を割って、脳を取り出して食べる。口から火を出して、寄ってくる蛾をとらえて食べる餓鬼、人の糞や涙や膿《うみ》や血や、皿に洗い残した食物だけを食べる餓鬼もいる。

食物にありつこうとしても、妨害されてどうしても食べられない餓鬼も多い。飢えと渇きで、身体が痩せ枯れたようになり、やっと水をみつけて走りよると、獄卒が杖で打ちすえ、清流は変じて火の河となる。口が針のように細く、腹が山のようにふくれてしまっているため、食物を目の前にしながら、どうしても食べることのできない哀れな餓鬼もいる。

## 来迎寺六道絵の餓鬼道図

では来迎寺の六道絵が餓鬼道の苦相をどのように描いているのかをみよう。ここでも地獄道の場合と同様、上部の色紙形の題辞に、「餓鬼道は二あり。一つは地下五百由旬にあり、一つは人天の間にあり、……」と、餓鬼道の位置や堕ちる罪科を『往生要集』の文章によって記し、その具体的な苦相は文章によらず画面に描いて、絵解きの説明にゆずっている。

門塀や岩や山など漢絵《からえ》風であった地獄図に対し、ここでは大和絵風の風景の中に餓鬼たちの苦相が醜悪な姿で展開する。寺の祈禱や説法にめぐり会うことで生命をつなぐ餓鬼。

餓鬼道図（聖衆来迎寺）

水を飲もうとして鬼に打ちすえられる餓鬼。四面海水の孤島で渇きに苦しみ、あるいは墓地で追善の供物をうかがい、果ては蛾をとらえて飢えをしのいだり、自分の脳みそやわが子まで食らう餓鬼。美しい山水と餓鬼たちの醜悪な姿がみごとな対照で描かれている。

餓鬼道の苦しみの諸相をのべた後、『往生要集』の記述は、地獄・餓鬼と合せて三悪道（三悪趣・三塗《ず》）とよばれる畜生道の苦相に移る。

## 畜生道の苦しみ

畜生の住まいの中心は海中だが、その他、人や天と交って生活している場合も多い。畜生の種類は三十四億におよぶが、大きく分ければ、鳥類、獣類、虫類の三つになる。

かれらはつねに弱肉強食の争いを続け、昼も夜も恐怖に心が休まるいとまとてない。さらに水中に住むものは漁夫に、陸に住むものは猟師に捕えられ殺される。また象や馬や牛などは、鼻や首をつながれて、背に重い荷を負わされ、人に鞭打たれる。虫たちの中には、闇の中で生まれ闇の中で死んで行くもの、人の体について人とともに生き死んで行くものなどさまざまだ。畜生道に堕ちたものは、あるものは短い時間、あるものは百千万億劫にもわたる長い時間、はかり知れない多くの苦しみを受けたり、突然、思いもかけぬ無残な死に方をしたりする。人の世にあったとき、愚痴で恥知らずで、在家信者の施しを受けるばかりで償《つぐな》いをしなかったものが、この報いを受けるのである。

畜生道図（聖衆来迎寺）

ここでまた来迎寺六道絵の画面に目を移してみよう。畜生道図の場合も、色紙形題辞は畜生道の所在などをのべ、苦相については画面に語らせようとする。

### 来迎寺六道絵の畜生道図

牛馬は車を引き荷を負って坂道にあえぎ、水田を耕し、鹿は武士の矢に追われ、魚は漁師の網にかかり、鶏や犬は、闘鶏や子供の慰みものにされる。それに加えて、生存のためには絶えず弱肉強食の争いを続けなければならぬ動物界の宿命が待っている。

『往生要集』に出てくる象や駱駝《らくだ》など異国の動物は省略し、日常目にする鳥獣と人びとの交りを美しい大和絵風の山水を背景に描く。大串氏も指摘するように、畜生道についての『往生要集』の記述は比較的簡単なので、ここでは自由に構図され、風俗画的傾向を帯びている。それがかえって、われわれの目前で日々くりかえされている畜生道に生きる悲しみを、きわだたせているのである。

### 阿修羅道の苦しみ

阿修羅道は、サンスクリットのアスラの音写で、古くは戦闘を好む鬼神であり、後に仏教の守護神である八部衆の一つに数えられたが、天界に住む帝釈天《たいしやくてん》とつねに交戦しているといわれる。ようするに阿修羅道とは、絶え間のない闘争の世界であり、須弥山《しゆみせん》の北の大海の底と、四大州の山中の岩石の間が住みかで

阿修羅道図（聖衆来迎寺）

ある。

もし雷鳴がなりわたれば、宿敵帝釈天の軍鼓と思い恐れおののき、また戦いに負傷し、若くして生命をおとし、日夜たえまない憂苦にさいなまれるのである。

**来迎寺六道絵の阿修羅道図**

来迎寺六道絵の阿修羅道図は、例によって色紙形の題辞に、

阿修羅道は二あり。根本の勝れたるものは須弥山の北、巨海の底に住し、支流の劣れるものは四大州の間、山巌の中にあり。雲雷もし鳴れば、これ天の鼓なりと謂《おも》いて怖畏《ふい》周章《しゅうしょう》し、心大いに戦《おのの》き悼《いた》む。また常に諸天の為に侵害され、三時に苦しみ逼《せま》り害す。

と『往生要集』の阿修羅道の説明を要約して記し、これにしたがって画面を構成する。

画面上部には、天上から攻めよせる宿敵帝釈天の大軍と血みどろの攻防をくり広げる阿修羅たちの姿、画面下部には、大海の底、戦場に出ない阿修羅たちも、海上の雷鳴を聞いて敵の軍鼓と思い、怖れおののくさまを描く。たえざる戦闘と殺戮、そして敵襲の不安に寸時も心休まらない阿修羅道の苦相が活写されている。

## 人道の真実の相、不浄

つぎに源信は、六道の第五の世界、われわれ人間の世界である人道の真の姿についてのべる。人間世界の真実の相を明らかにしようとすれば、三つの様相《すがた》がある。不浄の相と苦の相と無常の相であり、これら諸相を正しく観察しなければならない。

まず第一の不浄の相。人間の体は、三百六十の骨、九百の肉片、九百の筋などでできあがり、腹の中には五臓六腑とよばれる内臓や腸がぎっしりつまっている。源信は、一つ一つの骨の名称から、「毒蛇のわだかまるが如」き大腸小腸まで、その形状を子細に記述する。ところがこの人間の体には、八万の小さな穴があり、生まれて七日たつと、八万の虫が穴に住むようになり、縦横に人体を食いあらす。さまざまの病苦は、これによって生じるのである。そして人がまさに死のうとする時、これらの虫もそれぞれ恐れおののいて食いあうから、その苦しみが、集った親類縁者を悲しませる。最後に二匹の虫が七日間争い、結局一匹だけ生き残るが、それが蛆虫《うじむし》なのである。

どのように上等のものを食べても、体内で一夜たてば不浄となる。その糞の臭いのように、老いも若きも、いかに美しく飾ろうとも、人の身体は不浄なのである。まして死後、墓地に捨てられて七日もたてば、その体はふくれあがり、野獣に食われ蛆がむらがり、ついに白骨となり、年月を経て土に還る。人間の体は、始めから終りまで不浄だということがわかるだろう。愛しあう男女も、みなこのように不浄なのだ。これを知ったなら、だれか愛著《あいじゃく》の心を生じようか。こうして源信は、『摩訶止観《まかしかん》』の一節を引用して、不浄相の記述をむすぶ。

もしこの不浄の相をさとるなら、秀でた眉も、美しい眸《ひとみ》も、皓《しろ》い歯も、赤い唇も、一かたまりの糞を脂粉でおおったか、ただれた死骸に美しい衣装をまとわせたとしか映らないだろう。まして抱擁し淫楽にふけるなどしようか。不浄の相を想うことこそ、男女淫欲の病を療《いや》す良薬なのだ。

このくだりを読むたびに、私は、谷崎潤一郎の『少将滋幹《しげもと》の母』が描く老大納言の不浄観、佳人の幻を断ち切ろうと、野末の墓場へ忍んで通う悲しい姿を思い浮べる。

**来迎寺六道絵の人道不浄相図**

さて来迎寺六道絵は、この人道不浄の相をどのように描いているだろうか。色紙形の題辞には、

人道は三相あり。一に不浄相。凡そ人の身中、もろもろの不浄、盈《み》ち満《み》てり。七重の皮につつみ、六味《ろくみ》（六つの美味）にて長養するも、自性より潰《くず》れ爛《ただ》れ、臭穢《しゅうえ》一に非ず。況《いわん》や命終るの後、塚の間に捐捨《えんしゃ》（棄てる）すれば、一日七日を経て、

人道不浄相図（聖衆来迎寺）

その身膖《は》れ脹《ふく》れ、色変じ皮穿《む》ける。いまだこの相を見ざるときは、愛染《あいぜん》はなはだ強けれども、もしこれを見おわれば、欲心すべて罷《や》む。

と、かなり長文の『往生要集』不浄相の記述を要略よくまとめ、画面上段から下段へと、野に棄てられた美女の変容のさまを克明に描写する。

絶世の美女も一度《ひとたび》死んで野に棄てられれば、その身は腐爛し、鳥獣の餌食となり、蛆におおわれ、白骨と化してついには土に還る。刻々とおぞましく変容する美女の死体の上に散りかかる桜花、やさしく包む初夏の新緑、あざやかな秋の紅葉、うらさびた冬枯の野辺の草。——大和絵風の筆になる、年々歳々変ることない美しい四季の移ろいが、厭うべき人間世界の不浄の現実をきわだたせる。大串純夫氏は、

地獄道や餓鬼道のただならぬ画面をば、まだ多少のゆとりをもって眺め得た我々も、この図に至っては思わず眼をそむけねばなるまい。わが国古来の絵画多しと雖も、この図などは、不浄なる現実を直視する点において、しかもその現実を容赦なく彩り出した点において、まことに稀有《けう》の遺品といえよう。

と評しているが、来迎寺六道絵十五幅中の最高の傑作であり、『往生要集』の絵解きでありながら単なる絵解きの域を越えた稀有の美の世界に、見るものを引きつけずにはおかな

い。

### 人道の真実の相、苦

人間界の真実の相として二番目にあげられるのは苦相である。男にしろ、女にしろ、この世に一度生を受け、外気にふれるとともに、はげしい苦悩を受けることとなる。成長して後も、内には四百四病といわれるような、全身さまざまの病を宿し、外には罪科《つみとが》によって捕えられ責められたり、寒さ熱さ、飢え渇き、あるいは自然の暴威など、さまざまの苦悩が迫りさいなむ。五陰《おん》（蘊《うん》）すなわち色《しき》・受《じゅ》・想《そう》・行《ぎょう》・識《しき》の五つの物質と精神の集合によって構成される人間にとって、一つ一つの立居振舞《たちいふるまい》、行・住・坐・臥のすべてが苦しみである。

このようにのべた後、源信は、「この他、さまざまの苦しみの相は、いつも眼の前にみることができるのだから、わざわざ説く必要もないだろう」と、苦相についての記述を打ち切っている。自明のこととはいえ、読者にとっては、いささか簡単すぎるうらみがある。

### 来迎寺六道絵の人道苦相図

これだけの記述では、人道苦相を画面に具体的に表現するのはむずかしいので、六道絵では、大文第二「欣求浄土」の快楽無退《けらくむたい》の楽に記す四苦（生・老・病・死）八苦（四苦と愛別離苦《あいべつりく》・怨憎会苦《おんぞうえく》・求不得苦《ぐふとくく》・五盛陰《ごじょうおん》苦《く》）、すなわち、生まれる時の苦しみ、老いの苦しみ、病の苦しみ、死の苦しみ、愛する

人道苦相図(1)（聖衆来迎寺）

人道苦相図(2)（聖衆来迎寺）

ものと別れる苦しみ、憎みあい殺しあう苦しみ、求めても得られぬ苦しみ、この現実世界を構成する五陰自体が無常であり苦であることを覚らず執着したため起こる苦しみ、の八つの場面を、二幅に分けて説明しようとしている。

色紙形題辞をみると、一幅には生・老・病・死の四苦を、もう一幅には愛別離苦以下の四苦を画題としているが、『往生要集』の四苦・八苦の記述は簡単なので、題辞の文章は他の絵の場合と異なり、『往生要集』の文章と無関係に画面に描く苦相を説明している。

生・老・病・死を描いた一幅をみると、画面下から上へと順に、誕生の場面によって生まれるときの苦しみ、ついで老いの苦しみ、病いの苦しみ、最後に葬送の行列で死の苦しみを表している。

愛別離苦以下を描くもう一幅をみると、武士が愛する家族と別れて戦場へ向う場面で愛別離苦を、憎しみ殺しあう合戦場面で怨憎会苦を、茅屋《ぼうおく》の貧者の姿で求めても満足を得られぬ求不得苦を、そして火災の場面で、この現実世界を構成する要素（五陰《おん》・五蘊《うん》）が無常であり苦であることを悟らず執着したために起こる五盛陰苦を、画面下から上へと順に表している。

## 人道の真実の相、無常

人間世界の真実の相として三番目にあげられるのは、無常相である。人の生命のはかなさは、あまたの経典に説かれている。この一日が過ぎるごとに生きる日数が減って行くさまは、乏しい水に浮ぶ楽しみうすき魚や、旃陀羅《せんだら》の手で屠所へ追われ、一歩一歩死地に近づく牛の歩みにも似ている。それは世の愚かな人たちだけではなく、神通力《じんずうりき》を得たという仙人《バラモン》でさえ抱く恐れである。死神から逃れようと、天に昇り、海に入り、山に隠れた三人の仙人でも死を免れることができなかった話は、釈尊が説かれたとおりである。まことに無常の死神は、力あるものの賢いものの区別なく、流れる水や稲妻よりも速く迫ってくる。逃れる処ないと知ったとき、心は恐怖につつまれ、安らかな眠りも、食事の味も失われる。死の恐怖を譬《たと》えれば、狩人に追いつめられ、耳や尾や牙をとられて、もはやなす術《すべ》なくなった狐が、眠ったふりをして助かろうとしているとき、「頭も切ってしまえ」との声を耳にして、大いに驚き恐れるようなものだ。

人間世界の不浄、苦、無常の三つの相を説き終って、源信は結論する。人間世界の真実の相とは、このようなものである。この真実の相に思いをいたし、われわれは心から人間世界を厭《いと》い離れようとしなければならない。

### 来迎寺六道絵の人道無常相図

人道苦相の場合と異なって、無常相について源信は具体的に経典を引用しつつ説明しているから、六道絵の作者も、本来の『往生要集』絵解きの形で題辞や画面を構成するのに問題はなかったようである。題辞の文章は、

無常相は、人の命の停らざること山の水に似たり。たとい長寿の業《ごう》ありといえども終に無常を免れず。たとい富貴を感ずといえども必ず衰患《すいげん》あり。まさに知るべし、もろもろの余の苦患《くげん》は、或は免るるものあらんも、無常の一事は終に避くる処なきを。すべからく説のごとく修行して常楽の果《か》を欣求《ごんぐ》すべし。

と『往生要集』の文章を巧みに要約し、人生の無常を象徴する山間の川の流れなど美しい山水の画面に、『往生要集』の絵解きとして、さまざまの光景を描く。

画面上段に描かれた、天に昇り、山に隠れ、海に入ろうとする三人の人物は、神通力を得た三人の仙人でさえ、どこに逃れ隠れても死を免れなかったという話。画面中段には、水涸れの川の魚、屠所に引かれる牛の歩みなどで、日ごとに確実に死が迫り来るさまを暗示する。そして下段では、狩人の前で逃れる術なく眠ったふりをしている野狐の姿に、死に直面した際の恐怖の心を表す。すべて『往生要集』絵解きを山水画・風俗画として構成

人道無常相図（聖衆来迎寺）

した一幅である。

**天道の苦しみ**

つぎに源信は、六道の最後、天人が住むという天上の世界に説きおよぶ。天道は欲界、色界、無色界の三つに分かれ、その相も多様なので、欲界の一つ忉利天《とうりてん》をとりあげて例としたい。快楽極まりないという忉利天においても、天寿尽き臨終の際には、天人に五衰《ごすい》の相が現れる。一つには華の髪飾りがしおれ、二つには羽衣が塵や垢でよごれ、三つには腋下に汗が流れ、四つには眼がくらみ、五つには歓楽の場所であったこれまでの住居をも楽しまなくなる。

この五衰の相が現れると、天女や一族のものは、その天人を雑草のように見棄てて遠ざかってしまう。倒れ伏し、歎き悲しみ、「私が日ごろいとおしんできた天女たち、どうして私を見棄てるのか。だれか私を救ってくれるものはないのか。ああ歓楽をきわめた天上界の宮殿も、私の視界から消えて行く。かつてこの身を飾った美しい甲冑、美しい庭園での宴《うたげ》、沐浴、甘露な食事、すべていまは空しく、美しい音楽も、私の耳には聞えなくなった。私一人だけがこの苦しみを受けるとは。どうか生命を救ってくれ、せめて数日でもよいから生命をのばしてくれ」と願っても、だれも救けようとするものはない。歓楽をきわめた後だけに、その苦しみは地獄の苦しみより大きいのだ。『正法念処経』は、「天上を退く時、心に大苦悩を生じる。地獄のあまたの苦しみさえ、その十六分の一に及ばない」と記している。

三島由紀夫の最後の作品となった輪廻転生の物語『豊饒《ほうじょう》の海』が、「天人五衰」の巻をもって終るのは興味深い。それはさておき、源信は、「忉利天《とうりてん》以外の欲界の天にも、すべて五衰の苦しみがある。色界と無色界には五衰の苦はないとはいえ、ついには天を去らねばならぬ苦しみがある。天界の中の最上の天である非想天《ひそうてん》でさえも、地獄の底の阿鼻地獄に堕ちないという保証はない。当然、天上も楽《ねが》い求めるべきところではないということがわかるだろう」とのべて、輪廻の世界である六道の苦相についての記述を終える。

### 来迎寺六道絵の天道図

この天道の苦相を来迎寺六道絵はどのように表現しているであろうか。色紙形の題辞は欠字部分が多いが、『往生要集』と対比すれば、

忉利天は快楽極りなしといえども、命終るの時、五衰の相の悲しみあり。帝釈宮中、永く瞻望《せんもう》を断ち、釈天の宝象《ほうぞう》、衆車苑《しゅしゃおん》の砌《みぎり》、またよく見ることなし。劫《こう》波樹《はじゅ》の下、更に坐る時なく、殊勝の池水、沐浴するに由なし。四種の甘露も、嘗《な》むべからざらしむるあり、五妙の音楽も、この後は聴くべからず。

と忉利天の天人の悲歎の言葉を要約しているのであろう（□は欠字部分）。

天道図（聖衆来迎寺）

画面は下部中央に、五衰の相の現れた天人とこれを忌み立ち去る天女たちを描き、五衰の天人の悲歎の言葉の内容を、消え去ろうとする帝釈天の宮城である善見城《ぜんけんじょう》の内外に配置する。林間の行楽、美味と音楽を楽しむ華やかな宴会、池辺の沐浴、かつて天人が帝釈天とともに乗った白い宝象や身を飾った甲冑、栄耀栄華の日々の想い出も、五衰の相の出現とともに幻と化す。

天上の歓楽のはかなさと、地獄の苦しみにも勝るという天人五衰の悲しみを、華やかな画面に描き出しているが、この画面構成は、「天道は多種多様なので、一つの例として忉利天で示そう」という『往生要集』の記述そのままであり、『往生要集』絵解きとしての特徴を典型的に示している。

### 厭離穢土・欣求浄土

『往生要集』の「厭離穢土」の最後に源信は、総結の項を設けて、六道の苦相を総括した上で、つぎのように説く。

われわれは、過去世において一度も仏道に勤めたことがなかったから、いたずらに永劫にわたり生死輪廻をくりかえしてきた。いまもし仏道に励まなければ、未来もまた同じくりかえしになるだろう。無限の生死輪廻の間に人として生まれてくることは、『涅槃経《ねはんきょう》』が「人間世界に生まれるのは爪の上に乗る土ほど少なく、地獄・餓鬼・畜生の諸悪道に堕ちるのは十方世界の土ほどに多い」と記すように、まれなことだ。また、たとい人と生まれても、仏の教えにめぐり会い信仰心を生じるのは、むずかしいことだ。ところが幸いにも、われわれは、いま得がたき人身を得、会いがたき仏法に会うことを得た。まさに知るべし。苦海を離れて浄土に往生すべきは、ただ今生《こんじょう》のみにあることを。……願わくは、もろもろの行者《ぎょうじゃ》、疾《と》く厭離の心を生じて、速やかに出要《しゅつよう》の道（生死輪廻の世界から出て行くために必要な修行の道）に随え。

と、源信は、穢土を厭離し浄土を欣求するよう、読者に強く呼びかけるのである。

来迎寺の六道絵が、六道輪廻の苦しみを説き念仏を勧める『往生要集』の内容を、『往生要集』を読めぬような人びとにも易しく理解させる「絵解き」として制作されたこと、その題辞や画面のほとんどが、『往生要集』の記述にみごとなまでに対応していることは、すでに詳しくのべたとおりであり、来迎寺六道絵にかぎらず、平安末期以後盛んに制作された六道絵が、源信の『往生要集』を母胎として生まれたことは、家永三郎氏はじめ多くの先学がすでに指摘するところである。

鹿ヶ谷《ししがたに》の陰謀事件に関与した平康頼《たいらのやすより》が、まさに地獄・餓鬼の苦しみの鬼界島《きかいがしま》流罪を許されて、治承三年（一一七九）に帰洛し、ほどなく完成したとされる『宝物集《ほうぶつしゅう》』には、つぎのような一節がある。

女聞テ、……サテモ此《この》六道トノ給ヘルハ、イヅクヲ申侍《もうしはべる》ゾト問ヘバ、此僧答テ云ク、六道ト云事ヲ知ヌ人ヤ侍ル。此世ニハ、五六《いつつむつ》ノ少《おさな》キ者ヤ、アヤシノ下郎迄モ、皆知テ侍ル物ヲ。サレドモ……ヲロ〳〵（不十分だが）可申《もうすべし》。心ヲ留テ聞キ給ヘヨ。六道ト申ハ、地獄・餓鬼・畜生・修羅・人間・天上、此等《これら》ヲ申侍ル也。……此女又《また》問テ云ク、先ヅ地獄・餓鬼・畜生ノ有情《うじょう》ハ、イカヤウニ侍ルゾヤト云ヘバ、僧答テ云ク、六道ノ事ハ、天台山ノ住侶《じゅうりょ》恵心院ノ源信僧都ノ一代聖教《しょうぎょう》ヲ開テ撰シ給ヘル『往生要集』ト云文コソ、コマカニハ注シテ侍ルメル。イマダ見給ハズヤ、ヲロ〳〵申侍ベシ。

平安末期から鎌倉初期には、六道といえば『往生要集』を連想するのが常識であり、言葉をかえれば、六道思想の形成発展に『往生要集』がいかに大きな役割を果したかを物語っているのである。来迎寺六道絵をはじめとする六道絵・地獄草紙などは、こうした時代に生まれ、そしてまた『往生要集』が説く六道輪廻の苦しみ、厭離穢土の思想を広く民衆の間に浸透させていった。まことに日本における六道・地獄の思想は、『往生要集』を母胎として今日に至っているといえよう。では源信が『往生要集』において厭離穢土の当然の帰結として説いた欣求浄土、さらには浄土往生の行《ぎょう》としての正しい念仏とはどのようなものであったのか、『往生要集』厭離穢土の民衆に対する絵解きであった六道絵は欣求浄土や念仏の利益をどのように説いているのか、つぎにみることとしよう。

# 極楽浄土の楽しみと往生の行

**浄土を願い求めること**

大文第一で地獄をはじめとする六道の苦しみを活写し、これら穢土を厭離すべきだとのべた源信は、大文第二では欣求浄土と題し、極楽浄土に生まれることを願い求めよと説く。

なぜ極楽浄土に生まれることを願い求めるのか。それは極楽浄土の国土とそこに住む人びとの功徳《くどく》が量《はか》り知れないほど大きいからである。そこで源信は、あまたの経論の所説を整理し、極楽浄土の十の楽しみをあげ、浄土の功徳を讃える。源信があげる十の楽しみとは、第一には聖衆来迎《しょうじゅらいごう》の楽《らく》（浄土の菩薩など聖衆が迎えに来る楽しみ）、第二には蓮華初開《れんげしょかい》の楽（蓮華が初めて開くときの楽しみ）、第三には身相神通《じんずう》の楽（身に勝れた相と不思議な力が得られる楽しみ）、第四に五妙境界《ごみょうきょうかい》の楽（五官の美しい世界の楽しみ）、第五に快楽無退《けらくむたい》の楽（喜びの尽きない楽しみ）、第六に引接結縁《いんじょうけちえん》の楽（縁のあるものを救いとる楽しみ）、第七に聖衆倶会《くえ》の楽（浄土の聖衆に会える楽しみ）、第八に見仏聞法《けんぶつもんぼう》の楽（仏に会って教えを聞く楽しみ）、第九に随心供仏《ずいしんくぶつ》の楽（心のままに仏を供養できる楽しみ）、第十に増進仏道《ぞうしんぶつどう》の楽（仏の道を推し進める楽しみ）である。その一つ一つを詳しく説明すると非常に長くなるので、以下、要点だけをまとめてみるが、源信が考えていた極楽浄土の様子と、そこに往生を願う理由は理解できるだろう。

**極楽往生の様子と喜び**

人道の苦相でもふれられたように、人は命の尽きるとき激しい苦しみに襲われるものだが、念仏の功積《つも》った善行の人には、そうした苦しみはなく、臨終の際、かえって大きな喜びが生じる。それは、阿弥陀仏が立てた誓い（本願）によって、多くの菩薩らが浄土への迎えに訪れてくれるからである。観音は蓮華の台《うてな》をささげ、勢至は念仏行者をほめたたえ、手をさしのべて極楽へと導く。念仏の行者は、目を閉じたその瞬間に、蓮華の台に坐り、菩薩たちにまじって、西方極楽世界に生まれることができる。

浄土に生まれ、おのれの姿を見れば、身体はすでに紫金《しこん》に輝き、美しい衣や宝冠に飾られている。楼閣や林や池のあたりには、坐禅し念仏を称え、仏を讃える人びとが満ち満ちている。はるかに阿弥陀仏を拝し、観音と勢至からねぎらいの言葉をかけられ、かつてない喜びにひたることができる。

さらに浄土に往生した人は、金色の身に仏のようなすぐれた外観を示すばかりでなく、神通力を得て、心のままにあらゆる世界の様子を見、六道世界の生きとし生けるものの心をそのまま知ることもできる。浄土にあって見聞き覚《さと》る五官の喜びを満喫するが、しかも五衰の相をさけられぬ天道などと異なり、三界六道世界の悩み苦しみと、永遠に訣別することができるのである。それは極楽に生まれた本人だけの喜びにとどまらず、親や妻子や友や縁ある人びとを、六道世界のどこからでも、神通力によって自在に極楽へ導いてくることもできる。

### 仏に会い説法を聞く楽しみ

しかし極楽浄土に往生することによって得られる最大の楽しみは、浄土の菩薩さらには阿弥陀仏にまみえ、その教えを聞き、心のままに仏を供養し、仏の道を推し進めることのできる点であろう。

極楽には、観音・勢至など、すでに仏となることが約束された大菩薩をはじめとして、無数の菩薩たちが阿弥陀仏のまわりにひかえている。その名を一度聞くだけでも浄土往生の因縁となるような菩薩たちと、ここでは一つ処で会い、言葉をかわし、教えを受けることができる。それどころか極楽に往生するなら、仏にじかにまみえて教えを聞くことさえできるのである。

この世でわれわれが仏にめぐり会えるのは、盲目の亀が大海に浮ぶ浮木の穴に偶然頭を入れるほど、きわめてまれなことである。釈迦の前身の雪山《せっさん》童子は、仏の教え「諸行無《しょぎょうむ》常《じょう》、是《ぜ》生滅法《しょうめっぽう》」の下二句「生滅滅已《しょうめつめつい》　寂滅為楽《じゃくめついらく》」を聞くために、羅刹《らせつ》の前に身命を投げ棄てたというではないか。ところが極楽では、つねに阿弥陀仏を見、つねに深妙《じんみょう》なその説法を聞くことができるのである。

観音・勢至の二大菩薩は阿弥陀仏の左右にひかえ、あらゆる仏の国から無数の菩薩たちも阿弥陀仏のもとに来て供養する。時に応じて仏が身体を動かし微咲《ほほえ》めば、口から無数の光が出て十方世界を照らす。観音が仏に微咲《みしょう》の心を問うと、仏はつぎのように答える。

よく心して聞くがよい。私は、十方世界から訪れてきた菩薩たちが、どのような願いをもっているか知っている。この菩薩たちは、厳《おごそ》かで清浄な国土を求めて、必ずや仏となるだろう。一切のものは夢幻《ゆめまぼろし》と覚《さと》って誓いを立て、必ずこのような浄土をつくりあげるだろう。すべてのものは影のようにはかないと知って菩薩の修行を完成して仏となり、すべてのものの本質は空であり無我であると覚って、もっぱら浄《きよ》らかな仏の国土を求め、必ずこのような国土をつくりあげるだろう。

極楽に生まれるならば、このような教えを聞き、昼夜心のままに仏を供養する楽しみをあじわえるのである。

**衆生とともに往生せん**

こうして源信は、極楽浄土の楽しみの究極として、増進仏道の楽、仏の道を推し進める楽しみに説きおよぶ。

今この娑婆《しゃば》世界は、仏道を修し成果を得ることは非常にむずかしい。なぜなら苦しみを受けるものは、つねにそのことを憂い、楽しみを受けるものは、つねにそれに執着するからである。苦しみも楽しみも、解脱《さとり》から遠くへだたったものだから、たまま発心し修行するものがあっても、心の中の煩悩や外からの悪い条件によって、あるものは誤った教えにとらわれ、あるものは三悪道に堕ちてしまう。

ところが、極楽浄土の人びとは、最後まで心くじけ退くことなく、仏の道を推し進めることができる。その理由は、第一に仏の慈悲による誓いの力が、人びとをつねに摂《おさ》めとってくれるから、第二に仏の慈悲の光が、人びとの菩提《さとり》を求める心（菩提心《ぼだいしん》）を増してくれるから、第三に水鳥や樹々や風鈴などの声が、いつも仏・法・僧を念じる心を起こしてくれるから、第四に多くの菩薩たちが善き友となり、外に悪い因縁なく、内には煩悩が起こらぬようにしてくれるから、第五に極楽での寿命は仏と同様永遠で、仏道を修め習うにも、一生の間といった時間的制約がないから、である。

こうして極楽浄土の人は、すべてに慈悲の心をいだき、最高最上の覚りに至る。この世の人びとのためには仏の生涯の姿を現し、それぞれの縁にしたがって清浄な国土にあって教えを説き、もろもろの人びとを覚りに導く。

もろもろの衆生をして、その国を欣求すること、われの今日、極楽を志願《しがん》するがごとくならしめん。また十方に往《ゆ》いて衆生を引接《いんじょう》すること、弥陀仏の大悲の本願のごとし。かくのごときの利益、また楽しからずや。

と主張する源信は、

獲《う》るところの善根清浄なるものもて、願わくは衆生とともに、かの国に生まれん。願わくは、もろもろの衆生とともに、安楽国に往生せん。

との竜樹《りゅうじゅ》の『往生礼讃偈《おうじょうらいさんげ》』を引用して、大文第二「欣求浄土」を説き終える。それは、大文第四「正修念仏」における作願《さがん》と廻向《えこう》の重視とも照応するところである。

## 極楽往生は利他の行

ここで注目すべきことは、『往生要集』に記されるような、極楽に往生し修行して悟りを得た後に、この世に還って悩み苦しむ人びとを救うという思想が、源信にかぎらず利他行に挺身《ていしん》したこの時代の天台浄土教家たちの間に色濃く現れている点である。たとえば、『往生要集』の完成の二年前の永観元年（九八三）に没した千観《せんかん》（九一八〜九八三）は、叡山の俗風をきらい箕面《みのお》山に入ったが、応和二年（九六二）に書かれた『十願発心記《じゅうがんほっしんき》』では、大乗菩薩としての自覚に立った十の大願をかかげている。その中で浄土往生について、

凡夫は力なし。ただすべからく専《もは》ら阿弥陀仏を念じて、彼の国（極楽浄土）に生まることを得て、忍《にん》を証し（悟りを得る）、已《おわ》りて三界（輪廻の穢土）に還り来りて苦の衆生を救い、広く仏事を施すこと、意に任せて自在なり。この因縁を以て浄土に生まるることを求む。

とあるように、かれの浄土欣求は、烈々たる下化衆生《げけしゅじょう》の精神にうらづけられていた。この精神が、千観の場合は『阿弥陀和讃』を作成して身分の上下、男女を問わず広く浄土教を広めさせる力となったのであり、源信の場合は、「一切衆生みなともに仏道を成《じょう》ぜん」という念仏結社運動につらなっていったのである。

さて、大文第一「厭離穢土」、大文第二「欣求浄土」について、大文第三「極楽の証拠」で、極楽が兜率天《とそつてん》など他の浄土や天界に比較して優越していることを論証した源信は、以上を読者に極楽欣求の心を起こさせる導入部とし、大文第四「正修念仏《しょうしゅ》」では、どうすれば極楽に往生できるかを、念仏実践の方法として正面から論じている。

正修念仏（正しく念仏を修すること）とは、源信によれば、五世紀のインド僧世親《せしん》が「五念門を修して行《ぎょう》成就すれば、畢竟《ひっきょう》して安楽国土に生まれて、かの阿弥陀仏を見奉ることを得《う》」と説いた五念門（念仏に関する五つの行為）からなる。第一に礼拝《らいはい》門、すなわち西方阿弥陀仏に一心に帰依《きえ》礼拝すること、第二に讃歎《さんだん》門、すなわち経論の偈《げ》や真言《しんごん》を称えて阿弥陀仏の徳を讃歎すること、第三に作願《さがん》門、すなわち仏に作《な》らんと願うこと、第四に観察《かんざつ》門、すなわち阿弥陀仏を正確に観察すること、第五に廻向《えこう》門、すなわち以上の行為によって得られる善根功徳を一切衆生に廻向し利益《りやく》する（利他《りた》）こと、である。

これらのうち狭い意味での念仏にあたるのが観察門だが、ここで注目されるのは、「作願・廻向の二門は、もろもろの行業《ぎょうごう》において、まさに通じてこれを行うべし」とあるように、浄土往生の行業に不可欠不可分のものとして、作願と廻向がきわめて重視されている点であろう。源信は作願門で、

『大経《だいきょう》（無量寿経）』に云わく、「およそ浄土に往生せんと欲せば、要《かなら》ず菩提心を発《おこ》すをもって源《みなもと》となすべし」と。……『浄土論』（曇鸞《どんらん》『往生論註』）に云わく、「発《ほっ》菩提心とは、すなわちこれ仏と作《な》らんと願う心なり。仏とならんと願う心とは、すなわちこれ衆生を度《すく》う心なり。衆生を度う心とは、すなわちこれ衆生を摂取《しょうしゅ》して仏の有《いま》す国土に生まれしむる心なり」と。いますでに浄土に生まれんと願うが故に、まずすべからく菩提心を発すべし。

という『安楽集《あんらくしゅう》』の文を引き、「まさに知るべし、菩提心はこれ浄土の菩提（浄土に往生して悟りを得ること）の綱要《こうよう》なることを」と断じ、さらにつぎのように説く。「仏と作らんと願う心」とは、「上は菩提を求め、下は衆生を化《すく》う心」であり、具体的にいえば「四弘《しぐ》の誓願」（すべての菩薩が発する四つの願い）である。天台止観《しかん》に説くところの一切諸法（すべての存在）の本性は空寂《くうじゃく》ゆえ、生死即涅槃《しょうじそくねはん》、煩悩即菩提《ぼんのうそくぼだい》なりとの理を観じ、あまねく法界《ほっかい》（全宇宙）の一切衆生に対して大慈悲心を起こし「四弘の誓願」を発す。これこそ「最上の菩提心」である。

自分の浄土往生を願うのは自利《じり》の行《ぎょう》ではないかとの疑問に、この立場から、源信は強く反論する。

あに前《さき》に言わずや。極楽を願う者は、要《かなら》ず四弘の願を発し、願のままに勤修《ごんしゅ》せよと。これあに大悲心の行《ぎょう》にあらずや。また極楽を願求《がんぐ》することは、これ自利の心にあらず。しかる所以《ゆえん》は、今この娑婆世界は、もろもろの留難《るなん》（障害）多し。……初心の行者《ぎょうじゃ》、なんの暇《いとま》ありてか道を修せん。故に今、菩薩の願《がん》・行《ぎょう》を円満して（誓いと実践とを完成して）、自在に一切衆生を利益せんと欲するがために、まず極楽を求むるなり。自利のためにせず。

こうして源信は、千観も『十願発心記』で依拠した『浄土十疑論』の「浄土に生まれて諸仏に親近《しんごん》し、無生忍《むしょうにん》を証して（悟りを得て）、まさによく悪世の中において衆生の苦を救わん」という文を引き、結論する。

まさに知るべし。仏を念じ善を修するを業因《ごういん》となし、極楽に往生するを花報《けほう》となし、大菩提を証するを果報《かほう》となし、衆生を利益するを本懐《ほんかい》となすことを。たとえば世間に、木を植うれば花を開き、花によりて菓を結び、菓を得て餐受《さんじゅ》する（食べる）がごとし。

地獄はじめ六道の苦しみの描写におののき、極楽浄土の楽しみに心動かされた読者は、ここに至って、浄土を願い求めるとは、自分だけが六道輪廻の苦しみを逃れるためではなく、同じく三界に苦しむすべての人びとを救うための利他の行、大乗菩薩道の実践に他ならないことを知るのである。源信は『往生要集』序文で、「往生極楽の教行《きょうぎょう》は、濁世末代の目足《もくそく》なり」と喝破《かっぱ》したが、その「往来極楽」とは、単なる利己的な自己往生の希求ではなく、末法の世において「一切衆生みなともに仏道を成ぜん」との烈々たる利他の精神にうらづけられ、念仏実践の書としての『往生要集』全編を貫く熱気はここに発している。中村元氏が、極楽往生の利他主義的性格をはじめて明言し浄土教における大きな転換をもたらした思想家として源信を評価しているのも、うなずけるところである。

## 観想念仏

では、こうした菩提心を前提とする浄土往生の業としての観察門の念仏とは、具体的にどのようなものか。源信によると、初心者は阿弥陀仏の相好《そうごう》(身体的特徴)を観想する色相観《しきそうかん》(色とは形を有するもの。すなわち無形の法身ではなく仏の有形の相＝相好の観想)を行なうべきであり、それは相好を個別的に観想する別相観《べっそう》、総括的に観想する惣相観《そうそう》、特定のものにかぎって観想する雑略観《ぞうりやく》の三つに分かれる。

別相観とは、まず阿弥陀仏が坐る美しく壮大な蓮華座、つぎに座の上の阿弥陀仏の相好を、経典などの説くとおり、一つ一つ正確に心に描いていく。この別相観を押し進めていくと最後に到達できる、いわば観想念仏の極致が惣相観である。源信は、『観経』第九観の真身《しんしん》観の文をふまえて、つぎのように説く。

阿弥陀仏を、個々の特徴によってではなく、全体として観想するならば、修行者の心眼《しんげん》には、海も河も大地も木々も、この世のすべて形あるものの姿は消え、ただ正法を説法する阿弥陀仏の相好・光明が一切世界に満ち溢れ、自分もまたその光明に照らされていることがわかるだろう。さらにこの阿弥陀仏に、宇宙の絶対的真理である仏のあらゆる姿、無数の教えや功徳が、すべて備わっていることを知るだろう。ところで惣相観で観想されるこうした阿弥陀仏とわれら凡夫《ぼんぶ》の関係を考えれば、色即是空《しきそくぜくう》、空即是色《くうそくぜしき》の教えのとおり、われら凡夫の三悪道に堕ちる煩悩も阿弥陀仏の無限の徳も、ともにもともと空なのだから、一体無礙《むげ》のはずだ。それゆえ阿弥陀仏が法蔵比丘《ほうぞうびく》の昔、仏になろうと発願《ほつがん》して成仏したのにならい、われら凡夫もまた発願して、ともに菩提を求めようではないか。

別相観が具体的な仏の相好などを観想する事観《じかん》（事とは具体的現象としての差別）であるのに対し、惣相観は、阿弥陀仏を普遍的真理空《くう》そのものとしてとらえ、これと一体となろうとする理観（理とは普遍的実在としての真理）である。源信は大文第五の最後で、「往生の業は念仏を本となす。その念仏の心は、必ずすべからく理のごとくすべし」と喝破したように、惣相観こそ凡夫と弥陀が一体無礙となる念仏の究極の境地と考えたのである。

しかし、このような理観に到達するには高度な能力資質や精進努力を必要とするから、源信は、それに耐えない人のため、同じ観想念仏でも、阿弥陀仏の特定の部分の特徴を観察する雑略《ぞうりやく》観をあげる。具体的には、阿弥陀仏の眉間《みけん》で光を放つ白い毛（白毫《びゃくごう》）を観想し、弥陀の大悲の光明に照らされて往生をとげようというもので、『往生要集』に先立って書かれた『白毫観法』（一〇七ページ以下参照）をふまえた内容である。そしてこの後に、源信は、「もし相好を観念するに堪えざるものあらば、……まさに一心に称念すべし」と、どうしても観想念仏ができない人にかぎって称名念仏を認めているが、その場合でも、「心の念は常に存せよ」と観想を勧めることを忘れない。

## 臨終念仏

正修念仏の章で理想の念仏とされた観想念仏は、平生のときに行なう「尋常の念仏」でもあるが、特別の場合の念仏を説いたのが大文第六「別時《べつじ》念仏」で、なかでも死の近づいた人に対し、周囲の人びとがどのような心づかいで念仏を勧めるかを説いた臨終念仏の部分は注目される。

臨終の病人は、祇園精舎《ぎおんしょうじゃ》の無常院の例にならい、西向きに寝かせ、仏像の手の五色の糸をにぎらせて不安をやわらげる。同行者《どうぎょうしゃ》たちはあい集い、臨終の友のために十念を成就させる。源信によれば十念とは、一心に十遍「南無阿弥陀仏」と称えることで、臨終念仏における称名の重視は興味深い。病人を見舞う同行者たちは、もとより期《ご》するところは、この臨終の十念なり。いますでに病床に臥す。恐れざるべからず。すべからく目《まなこ》を閉じて合掌し、一心に誓い期すべし。仏の相好に非ざるよりは余《よ》の色を見ることなかれ。仏の法音に非ざるよりは余の声を聞くことなかれ。仏の正　教《しょうぎょう》に非ざるよりは余の事を思うことなかれ。

と、臨終念仏に専念するよう励ます。いよいよ臨終と見定めると、気づいておられるか、あなたの玉の緒の、今まさに絶えんとしていることを。臨終の一念は、百年の善業にもまさる。もしこの刹那を過ぎれば、来世に生まれるべきところが決ってしまう。今こそ、まさにその大事な瞬間。一心に念仏し、必ず極楽の蓮《はす》の台《うてな》に生まれられよ。「願わくは必ずわれを引摂《いんじょう》したまえ、南無阿弥陀仏」と念じられよ。

と病人によびかけ、往生極楽の素懐《そかい》をとげさせるのである。この世に生を受けたからには、人はすべて死すべきものである。死に行くものと、これを見守る善友《よきとも》たちが、死を直視し、弥陀の大悲を信じ、一心一体となって念仏する。この臨終念仏の記述は、『往生要集』の中でも、もっとも現実感と緊張感に満ち、読者に強く迫る。それは源信が、どのような人びとの存在を意識して『往生要集』を書いたのかという、『往生要集』成立の背景や目的を考える上でも、大きなかぎとなるであろう。

### 来迎寺六道絵の念仏利益図

『往生要集』成立の背景や目的については後に改めて考えるとして、例の来迎寺六道絵には、念仏の利益によって六道の苦しみを脱した説話を画題としたものが二幅含まれている。「念仏利益図」とよぶべきこの二幅は、厳密には六道絵ではないが、これら十五幅の絵画が『往生要集』の絵解きとして、六道の苦相を説いて厭離穢土・欣求浄土の信仰を勧進する目的で描かれたとすれば、阿弥陀念仏の利益を説く絵を含むのは当然ともいえる。

それぞれの色紙形題辞の文章からみて、一つが『往生要集』大文第七「念仏の利益」の引例勧信《いんれいかんしん》（例を引いて念仏の信仰を勧める）の項に収められた『譬喩経《ひゆきょう》』の話、もう一つが同じく『優婆塞戒経《うばそくかいきょう》』の話の絵解きであることは疑いない。

『譬喩経』の話とは、つぎのような筋である。ある僧が、亡くなった母の所在を道眼《どうげん》（修行によって得た勝れた眼）をもって六道に求めたところ、地獄に堕ちているのを見つけ、どうかして母の苦しみを救いたいと考えた。たまたま父を殺して国を奪った辺境の王が、あと七日で死に、母と同じ地獄に堕ちる運命であることを知った僧は、夜半、王を尋ね、奇跡を示して王を懺悔《さんげ》させ、「南無仏」と称えれば罪を免れると教えた。七日の後、地獄

譬喩経所説念仏利益図（聖衆来迎寺）

に堕ちた王が「南無仏」と称え、地獄の人びともこれに唱和すると、地獄の苦しみは薄らぎ、王も僧の母もその他の地獄の人びとも、みな悟りを得ることができた。

絵は、画面中段に、僧が六道に母をさがし求める場面、上段右に王の父殺しの場面、同左に、僧が王に奇跡を示して信服させる場面、最上段に罪を悔いて念仏に努める王の姿、そして画面下段には、地獄に堕ちても念仏を称え、念仏の利益で王も僧の母も地獄の衆生も救われる場面を描いている。

もう一つの『優婆塞戒経』の話とは、釈尊が語る自らの前生譚である。

遠い昔、名を広利といったころ、自分は邪見に堕ち、煩悩におおわれていた。精進を怠らぬ妻は、殺生をやめ酒肉を断ち精進すれば、ともに天宮に生まれることができると説いたが、私は怠りがちだった。そこで妻は、家の近くの寺の鐘の音が聞えるたびに仏名を称えよと教え、私もこのことだけは守っていた。妻は死後忉利天に生まれたが、私は死後、閻魔の裁きを受け、地獄に向った。地獄の門にまさに入ろうとするとき、鐘の音が聞えたので、私は仏名を称えた。閻魔は驚いて、「これは真の菩薩だ。どうして裁きを誤ったのか」といって、私を妻のいる天上に送ってくれた。私は天上の妻の前で、「大恩を受けて私は救われた。この後、悟りを得るまで、戒めにたがわ

優婆塞戒経所説念仏利益図（聖衆来迎寺）

ない」と誓った。

絵は、画面中段に、邪見歓楽にふけるが妻の教えで鐘の音に合掌念仏する男、下段には地獄の釜が割れて驚く獄卒や閻魔、釜の上に立つ瑞雲には閻魔に送られて天上に向う男、そして上段には忉利天上で再会する男と妻の姿が描かれている。

このように、この二幅の絵は、『往生要集』念仏の利益が『譬喩経』と『優婆塞戒経』から引用した説話のみごとな絵解きになっているが、『往生要集』が大文第七「念仏の利益」の引例勧信に諸経から引用した説話は数多いのに、来迎寺六道絵の作者はどうしてこの二つの話を画題に選んだのであろうか。おそらく源信が「念仏の利益」の最後に、「地獄に堕ちたものの利益については、前の国王の因縁（『譬喩経』の説話のこと）に説くとおりである」と記しているところから、『譬喩経』、それに続く『優婆塞戒経』によるこの二つの説話が、地獄に堕ちた罪人も救うという念仏の利益を説くのには最適の例と考えたからであろう。

閻魔の裁判の場面の絵をおそらく最初において（四九ページ参照）、地獄はじめ六道の苦相を順次絵解きする来迎寺の六道絵は、最後に、地獄の苦しみを消滅させ、閻魔王も裁判の誤りを認めて妻と再会させてくれる阿弥陀念仏の利益の偉大さを讃え、絵解きの僧が称える念仏に参観の善男善女が唱和して幕を閉じるという、首尾一貫した巧みな構成になっていたのであろう。

もしこの想定が正しいなら、六道絵とはいいながら、絵解きの主眼は、地獄の苦しみの強調、その苦しみを救う念仏信仰の勧進にあったといえる。当然そこでは、源信が情熱を込めて説いた利他行としての極楽往生、あの感動的な同信同行あいよっての臨終念仏も、欣求浄土・正修念仏の導入部にすぎなかったはずの地獄の恐怖の背後に追いやられている。

『往生要集』と、その絵解きであるはずの来迎寺六道絵の乖離は、おそらく一つには、源信の『往生要集』執筆の動機、直接想定した読者層と、後世の六道絵絵解きの対象者の相違、いま一つには、『往生要集』の地獄の記述の迫真性がそれまでのわが国民の来世観を変え、単なる導入部の域を越えてしまったことを示すのであろう。そこで章を改めて、これらの問題について考えてみることとしよう。

# 『往生要集』成立の背景

# 念仏結社と源信

『往生要集』末文の記すところによると、源信は永観二年（九八四）冬十一月、比叡山延暦寺横川《よかわ》の地で撰述を開始し、翌寛和元年（九八五）四月、『往生要集』三巻を完成したという。

## 『往生要集』の完成と反響

『往生要集』は、それまで死霊鎮送の真言《しんごん》陀羅尼《だらに》との区別も定かでなかったような念仏に、往生業としての意義をはじめて明確に理論化・体系化した書物として、完成直後から浄土教家・念仏者の間で評判になった。正暦元年（九九〇）以前の撰述とされる静照《じょうしょう》の『極楽遊意《ゆうい》』は、「世に往生要集および白毫観文《びゃくごうかんもん》あり。行者《ぎょうじゃ》すべからくかの文によるべし」と記し、覚超《かくちょう》（九六〇～一〇三四）の『往生極楽問答』も、臨終の念仏は「往生要集の臨終の行儀の往生要十箇《じっこ》の語によるべし」としている。

現存最古の『往生要集』の写本は、「長徳二年（九九六）七月二十六日写了　長胤」の奥書がある加賀小松聖徳寺上宮《じょうぐう》文庫所蔵本である。三巻のなかの中巻しか残っていないが、長徳二年といえば撰述後十一年、源信は横川で念仏結社運動の指導者として活躍していた。当時僧侶たちの間で、『往生要集』が盛んに書写され愛読されていたことがうかがえる。

現行の『往生要集』の巻末には、寛和元年（九八五）四月に完成したと記した後に、ある僧の夢に毘沙門天《びしゃもんてん》が現れ、「源信撰するところの往生要集は、みなこれ経論の文なり。一見一聞の倫《ともがら》は無上菩提を証すべし。すべからく一の偈《げ》を加えて広く流布せしむべし」と告げたので、これを聞いた源信が、「已《すで》に聖教と正理に依って、衆生を勧進して極楽に生まれしむ。ないし展転《あいつたえ》て一たびも聞かんものは、願わくは共に速やかに無上覚《むじょうかく》を証せん」との偈を加えたとの文章がある。この末文が刊行当初からあったのか、後になって付加されたのか、はっきりしないが、一〇四三年ころ成立の『法華験記』や一〇六一年以前成立の『源信僧都伝』には、この毘沙門天の話を記しており、最近発見された十一世紀後半の書写と推定される『最明寺本《さいみょうじぼん》往生要集』にも、すでに末文が記されている。いずれにしても、かなり早い時期から末文は存在したようであり、それは『往生要集』が発表直後から評判となり広く流布していたことをうかがわせる。

## 勧学会の文人貴族

しかし『往生要集』の反響の大きさをもっともよく示すのは、その念仏理論を実践しようとして、『往生要集』完成の翌年の寛和二年（九八六）五月に、比叡山横川で発足した念仏結社二十五三昧会《ざんまいえ》であろう。二十五三昧の名は『涅槃経《ねはんぎょう》』にみえ、衆生が輪廻をくりかえす迷いの世界を二十五に分類した二十五有《う》を、菩薩が破砕する三昧という。発会のときの結衆が二十五人だったので、三界六道に輪廻し苦しむ一切衆生に阿弥陀念仏を廻向《えこう》し、ともに救われようという菩薩道実践の願いを、発会時の人数にちなんで会の名称にしたのである。源信もこの年秋には乞われて入会し、会の規約を整備したり念仏実践の指導にあたったりした。このように『往生要集』にいち早く共鳴し、その教えを実践しようとしたのは、どのような人びとだったろうか。

二十五三昧会の成立を考える上で注目されるのは、先行する念仏結社勧学会《かんがくえ》の存在である。勧学会は、康保元年（九六四）三月、天台の学僧と大学文章道《もんじょうどう》の学生《がくしょう》各二十名が一堂に集い、『法華経』の句偈を講じ、弥陀の名号《みょうごう》を称え、経の一句を題として詩会を催したのに始まる。構成員は歳月とともに変動があったろうが、才に富み文に工《たく》みなこと当代絶倫とうたわれた慶滋保胤《よししげのやすたね》はじめ、文人貴族の名をもってよばれる一群の人びとが、その中心となっていた。

文人貴族とは、文章道《もんじょうどう》を中心とする大学の学生・教官や、大学の業を終えた文筆官僚で、貴族社会の知識層でもある。かれらは官職など身分的には中下級貴族にとどまるものが多いが、律令制下では社会的に承認された存在根拠があった。「文章は経国《けいこく》の大業《たいぎょう》」という魏《ぎ》の文帝《ぶんてい》の語に象徴されるように、文章をもって国家経綸の具体的なるものと意識し、詩文の興隆に国家が尽力する「文章経国思想」は、わが国では平安初期すなわち九世紀前半に盛んであった。しかし十世紀を境とする律令国家の変質、私的血縁関係を重視する摂関制の成立は、既存の律令的価値体系解体の一環として、文章経国思想を衰退させた。唯一誇るべき自己の才能である詩文をもって国家や政治に資するといった文人貴族の現世における存在意味が空洞化するとともに、「公ごと」に対する「私ごと」の意味がはじめて自覚され、官の制約とは無縁な、現世を越えた信仰の世界の価値が発見されて、来世願望の浄土教に関心がたかまる。慶滋保胤はじめ勧学会に結集した貴族たちは、そうした転換期に生きる文人貴族であった。

慶滋保胤が「およそこの会を知る者は、謂《おも》えらくは見仏聞法《けんぶつもんぼう》の張本となし、この会を軽んずる者は、恐るらくは風月詩酒《ふうげつししゅ》の楽遊となさん」と記しているように、当初の勧学会は念仏結社といいながら、風月詩酒を楽しむ文学サロン的な集いと見なされかねない面もあった。しかし後にものべるように、京都の市中で念仏布教して貴族から民衆まで広く尊崇された市聖《いちのひじり》空也《くうや》が天禄三年（九七二）に往生をとげ、翌年の周忌法会に勧学会を代表して源為憲《ためのり》が『空也誄《くうやるい》』を書いたころから、保胤らの来世願望は熱烈なものになっていった。

## 文人貴族たちと源信の交流

源信が天台学僧の登竜門である広学竪義《こうがくりゅうぎ》に及科したのは天延元年（九七三）、奇しくも空也往生の翌年であった。さらに天延二年には、宮中論義の場に南都北嶺から選ばれた十人の学生の一人として登場する。天皇はじめ大臣・納言らが居並ぶ晴れ舞台だったが、列席した貴族の一人平親信《たいらのちかのぶ》は、「源信の論義、諸人、善《よ》しと称す」と日記で評している。上流貴族たちの間で、源信の学才と弁舌が注目された最初のできごとである。

源信の師の良源は、若いころから才気と弁舌、そして修法の験で知られ、藤原摂関家の実力者をあいついで外護者《げごしゃ》とし、康保三年（九六六）、天台座主に就任した。また広学竪義によって学問を奨励し、多くの弟子を育成して、天台中興の祖とうたわれる。良源の愛弟子であった源信は、論義の名手、因明《いんみょう》（仏教論理学）の気鋭の学者として活躍するが、天元三年（九八〇）九月の延暦寺根本中堂供養法会で錫杖衆《しやくじようしゆ》の頭役《とうやく》をつとめたのを最後に、華やかな法会や論義の場から姿を消してしまう。「このように華やかに立ちまわるのは、そなたを仏門に入れた本意ではない。真の聖人《しようにん》になってほしい」との母の諫めに感じ、山籠りして浄土の業を修するようになったという『今昔物語集』の説話は有名だが、かつて『源信』（人物叢書）で詳しくのべたように、この法会のころから座主良源の下で表面化する円仁系・円珍系両門徒の派閥抗争への疑問、その一方で名利を避けた聖《ひじり》の性《しよう》空《くう》や勧学会貴族たちとの交流が、新たな信仰世界への目を開かせたと考えるべきだろう。

源信が書写山に性空上人を尋ね、世俗を避け名利に背を向け、日々の糧にもこと欠くような清貧真摯な聖の修道生活に大きな感銘を受けたのは、天元元年（九七八）前後であろうという。この時、源信は「世々生々、我が師とならん」との性空上人を讃える詩を作っている（四二ページ参照）。貴族の家に生まれながら隠遁苦行する性空を末永く師と仰ぐとは、師良源の下での貴族仏教界における栄達との訣別宣言でもある。

しかし性空の面目は、深山で苦修練行に励む持経聖《じきようひじり》（法華行者）であり、その生き方が山籠りする源信の決意をうながしたとしても、「浄土の業」へ向った源信の以後の信仰とのかかわりでいえば、慶滋保胤をはじめとする勧学会の文人貴族たちとの交流を重視しなければならないだろう。

源信が勧学会の文人貴族たちと交流するようになったのは、いつごろからだろうか。勧学会が始まった康保元年（九六四）には、源信は二十三歳、師良源の下で天台学の研鑽に努めていた。勧学会に参加した天台僧二十人の中に最初から加わっていたかは不明だが、勧学会に参加した学僧たちから会のリーダー保胤の令名や、文人貴族たちの求道《ぐどう》の態度は、つねづね伝え聞いていたであろう。保胤や会の文人貴族たちも、宮中の論義で公卿たちを感歎させた源信の存在は、早くから注目していたはずだ。

ところで源信というと、『往生要集』があまりに有名なため、はじめから浄土の業を学んでいたかのように思われがちだが、宮中や貴族の法会で「論義の決択《けっちゃく》（宗義の疑問を解決する）、智弁群を抜く」と讃えられた若き日の源信が、もっぱら学習し得意としたのは、広学竪義など論義の場に必要な仏教論理学（因明《いんみょう》）や天台止観《しかん》の学問であった。

源信の初期の著述をみても、広学竪義準備中の後輩の厳久《げんきゅう》の願いに応じて書かれた『因明《いんみょう》論疏《ろんしょ》四《し》相違《そうい》略《りゃく》註釈《ちゅうしゃく》』（貞元三年（九七八））、天台教学の根本である『摩訶止観《まかしかん》』に関する『六即義《ろくそくぎ》私記《しき》』（年代不詳）などであり、良源門下の新進の学問僧として活躍していた天元年間の初めころまでの著作には、浄土教や念仏に関する内容はまったく出てこない。この時期の源信は、浄土の教えや修行に、あまり関心がなかったようである。

## 『阿弥陀仏白毫観』

源信の浄土教関係の最初の著作は『阿弥陀仏白毫観《びゃくごうかん》』である。『三宝院旧記』所収の同書奥書によれば、その成立は天元四年（九八一）六月二十九日だから、永観二年（九八四）十一月に起筆した『往生要集』に先立つこと三年余である。その内容は、『観無量寿経《かんむりょうじゅきょう》』の第九真身観《しんしんかん》（阿弥陀仏の真実の姿を観想する）にみえる白毫観を詳細に説いたもので、「もし阿弥陀仏を観念せんと欲せば、まず、ただまさに白毫の一相を観ずべし」と書き出し、阿弥陀仏の白毫（仏の眉間で光を放つ白い毛）を観想する方法・意義・利益などを、諸経典の文章を引用して具体的に述べている。

天台の説く即空《そくくう》即仮《け》即中《ちゅう》の三諦円融《さんたいえんにゅう》の教義（三諦とは三種の真理。すべての存在は空《くう》であり仮《け》であるとともに両者を越えた絶対的なもの〈中《ちゅう》〉で、しかも三者は別なく融合している）に立てば、弥陀白毫の一毛には一切諸仏・三千の法門が具足されている。心に仏を想うとき、その心は仏となるというから、白毫を観想するとき、わが心は三千の法門を具足する白毫の相となる。しかもかの白毫の光明は、あまねく十方世界を照らし、念仏の衆生を摂《しょう》取《しゅ》して捨てぬ。すなわち知る、われもまた白毫の光明の摂取の中にあることを。たといわが煩悩が眼《まなこ》を障《さ》えて白毫の光明を見ることあたわずといえども、弥陀の大悲は倦《ものう》きことなくして、つねにわが身を照らしたまうのである。

こうして白毫観の意義や利益を説き終えた源信は結論する。『観経』に説くごとく、白毫を観ずることによって、われは八十億劫生死《ごうしょうじ》の罪を除去し、浄土往生の利益を得るであろうが、われと衆生とは本源は同じであるから、われがもし白毫観によって罪を滅し利益を得るならば、また衆生をして同じく滅罪利益を得せしめることになる。われが白毫観によって罪を滅し利益を得、菩提《ぼだい》（悟り）に至らんとするのは、おのれ一身のためではない。

願わくは、われ臨終に心乱れず、弥陀白毫の光明を見ることを得、すなわち安楽刹《せつ》（極楽）に往生することを得て、現前にこの観行《かんぎょう》を成就せんことを。

## 白毫観法の意味

『阿弥陀仏白毫観』については、『往生要集』『観心略要集』と類似の文章が多いところから、両書を基にして平安末期ころまでに書かれたもので、源信の真撰ではないとする説がある（八木昊恵『恵心教学の総合的研究』）。しかし源信と同時代の静照《じょうしょう》（?～一〇〇三）の『極楽遊意』（九九〇年以前）に「世に往生要集および白毫観文あり。行者すべからくかの文によるべし」と記されているから、当時すでに『阿弥陀仏白毫観』が『往生要集』と並んで流布していたのは疑いない。しかも『往生要集』が白毫観の説明にあたって、「具《つぶさ》には別巻にあり」と記す「別巻」は本書を指すと思われ、本書の成立を『往生要集』成立以前と考えるのが自然であろう。「天元四年（九八二）六月二十九日」という本書の奥書の年次は、信じてもよいと思う。

『阿弥陀仏白毫観』を、『往生要集』に先立つ著述と考えると、源信の浄土教はまず『観経』真身観のなかの白毫観の実践として始まったことになり、その意味を改めて考えてみる必要がある。源信が浄土往生の実践方法として白毫観法をとりあげた理由として、まず考えられるのは、『観経』に、

　無量寿仏（阿弥陀仏）を観ん者は、〔仏の〕一の相好《そうごう》（身体的特徴）より入れ。ただ眉間の白毫を観て、極めて明了ならしめよ。眉間の白毫を見れば、八万四千の〔仏の〕相好、自然《じねん》にまさに現ずべし。

とあるように、初心者にとって比較的容易な観法だからだろう。しかし『観経』が往生の因としてあげる十六観のなかには、初心者にとって、より容易と思える観法もあるし、易《い》行《ぎょう》往生というだけなら、観法にこだわらず、当時流行の称名念仏でもよいはずである。源信が白毫観法を重視した最大の理由は、称名念仏中心の当時の浄土教に対して、あえて正統天台教学の立場から「念仏」のあるべき姿を、勧学会の文人貴族など念仏結社の人び

とに示そうという使命感であったと思われる。この点について、つぎに考えてみよう。

# 称名念仏と観想念仏

## 称名念仏

源信が『往生要集』を書いた当時、勧学会《かんがくえ》などの念仏結社はじめ貴族社会で広く行なわれていた念仏は、「南無阿弥陀仏」と阿弥陀の仏名を声に出して称える称名念仏《しょうみょうねんぶつ》であった。その系譜は比叡山の不断《ふだん》念仏にさかのぼるといわれる。九世紀の中ごろ入唐《にっとう》した円仁は、心を集中して悟りに至る四つの実践方法（四種三昧）の一つである常行三昧《じょうぎょうざんまい》の作法として、五台山を中心に流行していた五会《ごえ》念仏を伝えた。五会念仏は、念仏者として知られた法照《ほっしょう》が、弥陀の霊感を得て創唱したもので、五会の「会《え》」とは旋律法の意味だから、高低緩急を異にする五種の旋律を用いる念仏唱和法である。五会念仏は、音楽性豊かに阿弥陀仏の名を唱える称名念仏として比叡山で発達し、

「身の罪……口のとが……心のあやまち」をすべて消し去る懺悔滅罪《さんげめつざい》の法として意識された。

ところで称名念仏の懺悔滅罪の機能は、念仏者自身の浄土往生もさることながら、当初は、怨魂を鎮め浄土へ送る、死霊鎮送の目的で用いられることが多かったのである。古代の日本人は、肉体と霊魂の二元観で人間を考えた。肉体は滅んでも霊魂はすぐ他界に赴かず、鎮魂の儀を怠るならば、さまざまの災異をもたらす。非業《ひごう》の死をとげた政争の犠牲者などは疫病をはじめ災異をもたらす怨魂として恐れられた。貞観五年（八六三）、疫病が流行すると、朝廷は平安京をめぐる政争の代表的犠牲者六体の鎮魂を祈る御霊会《ごりょうえ》を、神泉苑に密教僧を招いて行い、民衆にも参観を許した。

かつて民間では、死穢《しえ》を避けるため、都市の河原や村境の外の曠野《こうや》に死体を棄てることさえめずらしくなかったが、こうした御霊会などを介して、死霊の恐怖、追善の必要性が認識されるようになってきた。畿内の民間で、先祖の霊を供養する盂蘭盆会《うらぼんえ》が行なわれるようになるのは十世紀だが、このころから、死霊鎮送・祖霊追善の仏教が貴族社会から民間まで広まり、そこでは称名念仏が光明真言《こうみょうしんごん》や尊勝陀羅尼《そんしょうだらに》など真言陀羅尼と並んで修されたのである。

初期の浄土教で、阿弥陀称名念仏と密教の真言陀羅尼の機能が、未分化のまま死霊鎮送の儀礼で併用された背景には、日本古来の呪術的言霊《ことだま》信仰の流れを無視できないが、それはさておき、称名念仏が御霊はじめ、さまよい祟《たた》りをなす恐るべき死霊を浄土に鎮送するマジカルな真言陀羅尼的性格で理解される以上、厳しい修行で霊異の力を身につけた験者《げんじゃ》であればあるほど、その称える念仏の功徳は大きいと人びとが考えたのは自然である。延長八年（九三〇）、醍醐天皇葬送の際、東寺・醍醐寺・勧修寺《かじゅうじ》など真言宗の諸寺の高名な験者たちが召されて念仏奉仕したように、念仏僧といえば例外なく貴族や民衆が畏敬する密教の験者であり、念仏といえば声に出して阿弥陀仏名を称える称名念仏であった。九世紀末から十世紀の浄土教の最大の特色は、こうした死霊鎮送的な「験者の念仏」にあったといえよう。

## 空也念仏

こうした験者の念仏の流れに立ちながら、念仏往生の利益を広く民衆に説き、勧学会の文人貴族たちに「念仏を広めるため世に現れた弥陀如来の使」と尊崇されたのが、阿弥陀聖・市 聖空也《いちのひじりくうや》である。空也の熱烈な念仏活動を支えたのは、大乗菩薩道実践の高い志であったといわれるが、そうした主体的立場とは別に、かれの念仏は当時の人びとの間では死霊鎮送を主とする験者の念仏の次元で受け取られることが多かった。勧学会を代表して源為憲《ためのり》が書いた空也の一周忌の追悼文『空也誄《くうやるい》』によれば、空也の念仏活動は、諸国を行脚《あんぎゃ》した際に曠野に棄てられた死者を集めて火葬し阿弥陀仏名を称えたのに始まった。京都に入った後のもっとも華々しい活動として記録されるのは、応和三年（九六三）の鴨河原の『大般若経』供養だが、これは京都市中の疫病流行による死者追善を直接の目的として発願された。朝廷はじめ多くの助力を得て盛大に催された法会の願文によれば、会に集まった貴族・民衆の願いが、曠野に迷う過去一切霊の鎮送追善にあったことがわかる。

もちろん空也自身は、称名念仏を単なる死霊鎮送の次元でとらえていたわけではない。慶滋保胤《よししげのやすたね》は『日本往生極楽記』の空也伝で、

> 天慶《てんぎょう》よりさきつかた（空也の入京以前）、道場聚落に念仏三昧を修するは希有《けう》なりき。いかにいわんや小人《しょうにん》愚女《ぐじょ》（民衆）は多くこれを忌めり。上人来りて後、みずから称え他をして称えしむ。爾後《じご》、世をあげて念仏を事となす。誠にこれ上人の衆生を化度《けど》するの力なり。

と讃えている。称名念仏を死霊鎮送の機能で理解するかぎり、それは死者儀礼にたずさわる験者が称えるもので、死穢を避けようとする一般民衆にとって、みずから称えることは

忌みはばかられていたのであろう。おそらく空也は、こうした社会の風潮に対して、称名念仏は死霊鎮送だけではなく、念仏者自身の浄土往生の因となることを説き、みずから称えるとともに民衆にも念仏を勧めたのである。そこに、一切衆生とともに仏道を成ぜんと願う菩薩道実践の志の高さ、勧学会の文人貴族たちが空也を「阿弥陀如来の使」視した理由がうかがえる。

しかしその一方で、『空也誄』などは苦行と霊異に彩られた大験者としての空也の姿を描いており、その称名念仏も、空也自身の念仏観とは別に、「験者の念仏」の流れにおいて理解されることが多かったと思われる。

### 勧学会の念仏と源信の立場

前にのべたように勧学会が発足したのは康保元年（九六四）だが、これは空也の鴨河原『大般若経』供養会の翌年にあたる。供養会の成功が貴族社会に空也の名を広め、それに刺激されて文人貴族たちの間に念仏結社結成の気運が起こり、勧学会が発足したのではないかという説がある。おそらく正しいと思うが、発足当初の勧学会が、純粋な念仏結社とするには風月詩酒を楽しむ文人貴族趣味の色彩が強かったことも前述のとおりである。

ところが天禄三年（九七二）秋、空也が京都の市中で念仏往生をとげると、会の内容に変化が生じてきた。翌天延元年（九七三）、源為憲が勧学会を代表して、一周忌の追悼文『空也誄』を書き、空也の生涯に最大級の賛辞を贈り、さらにその翌年には、勧学会の文人貴族たちの間で、念仏活動の拠点となるべき仏堂建立の運動が起こってくる。空也の活動に刺激されて結成された勧学会は、空也の往生を見聞することによって、来世欣求の念仏結社としての性格を明瞭にしてきたのである。しかし源為憲が『三宝絵詞《さんぼうえことば》』で勧学会の仏事を「こゑ仏事」と記しているように、会の念仏は山の念仏の流れに立ち音声効果を重視する称名念仏であった。そうした状態での空也の理想像化は、自己往生をめざすべき阿弥陀念仏を、ともすれば呪術的な験者の念仏の次元でとらえかねない危険性も孕んでいたのである。

前にもふれたように、源信が広学竪義《こうがくりゅうぎ》に及科し、天台学問僧として華々しく登場するのは、空也が京の市中で波瀾の生涯を閉じた翌年である。空也の時代の終りは、源信活躍の時代の開幕でもあった。十三世紀のはじめに鴨長明が書いた『発心集《ほっしんしゅう》』には、源信が空也を訪問して往生の疑義を尋ね、その感動が『往生要集』を生んだとの挿話がみえる。史実とは考えられないが、空也が京都で華々しく活躍していたころ、源信は比叡山横川の良源門下で、天台教学の研鑽に励んでいた。かつて比叡山に登り、座主延昌から親しく戒を受けたこともある空也の念仏布教は、天台僧たちの間で話題となっていたはずで、青年僧源信が、これに無関心だったとは思えない。

源信が天台僧として勧学会の仏事に加わっていたかは不明だが、前述のように比較的早い時期から慶滋保胤ら会の文人貴族と交流があったと考えてもよいようである。源信が空也や勧学会の念仏をどのように評価したかは推測する他ないが、菩薩道実践の高い志にもかかわらず「験者の念仏」の次元で受けとられかねない空也念仏のあり方に、正統天台教学の立場から危懼《きく》の念を抱いたとしても不思議ではない。勧学会の文人貴族たちと親交を深め、その真摯な求道《ぐどう》の態度に共鳴すればするほど、確たる念仏理論を欠くために呪術的な真言陀羅尼との区別も定かでないような、かれらの称名念仏の弱点にも気づいたであろう。

称名念仏に立脚するかぎり、従来の呪術的死霊鎮送的な「験者の念仏」の限界を超えることはむずかしい。菩提心を基とする点は空也と同じでも、称名念仏ではなく、真如実相《しんにょじっそう》（万有不変の真実の相）の理を観じ、凡夫と仏が一体となる観想《かんそう》念仏こそ、往生業《ごう》としての念仏のあるべき姿だという源信の確信は、正統天台教学を究めるにつれて動かしがたいものになり、自己も含め、念仏往生を真摯に模索する同行者たちの日常念仏のよりどころとなるべき理論の体系化に、みずからの宗教的使命を自覚したのではあるまいか。

### 観想念仏としての白毫観

このように考えてくるならば、天元四年（九八一）という時点での『白毫観法』執筆には、空也的な称名念仏中心の当時の浄土教に対し、あえて天台教学の立場から「念仏」のあるべき姿を、念仏結社でも実践できる方法で示そうとの源信の意図が強く働いていたと推察されるのである。

『観経』十六観というように、『観無量寿経』は十六種におよぶ観法を説いているが、『往生要集』をみると源信は、大文第九で「観経には十六観をもって往生の因となせり」と記すだけで、大文第四「正修念仏」（正しく念仏を修すること）では、十六観の中でももっぱら十方一切諸仏を観想する第九観の真身観によって、初心者は弥陀の相好《そうごう》（身体的特徴）を個別的に観想する事観《じかん》（事とは具体的現象としての差別）から入り、究極には法身《ほっしん》（宇宙の真理＝法としての仏）の阿弥陀仏と念仏者が一体となる法身理観《ほっしんりかん》（理とは普遍的実在としての真理）に至るよう説いている。そのなかで源信は、弥陀相好の総括的観想（惣相《そうそう》観《かん》）にたえない念仏者が、より容易な方法として対象を特定のものにかぎって行なう観想（雑略観《ぞうりやくかん》）に白毫観を位置づけている。ようするに白毫観法は、あくまで天台観実相の正統である真身観に立ちながら、そのなかで初心者も実践しやすい観法というところに意味があるのである。

『観経』真身観にもとづき、一念三千諸法実相の理に至る天台の理観念仏こそ、念仏のあるべき姿だとの確信に立った源信は、念仏結社に集う人びとにも理解し実践しやすいよう、白毫観という一点にしぼって明快に説いたのである。我《われ》＝念仏者が白毫観を通じ弥陀の大悲の光明に照らされ、生死の罪を滅し利益にあずかることを論証した後に、

われと衆生とは本源それ一なり。われもし罪を滅せば、衆生をしてまた然らしむ。われもし益を得ば、衆生をしてまた然らしむ。ないし菩提、一身のためにあらず。

と、衆生とともに仏とならんと願う烈々たる大乗菩薩道の精神が吐露されているのは、同朋主義的念仏結社の存在を背景に考えるとき、きわめて現実的実践的な重みをもつであろう。

まず『白毫観法』によって、結社の念仏に具体的指針を与えた源信が、自らの内なる欲求と念仏を志す人びとの一層の期待に応え、つぎの段階として白毫観をさらに発展させて、天台教学の立場からすべての念仏すべての行業を包括し位置づけようとする、壮大な往生理論の体系化にとりくんだのは自然である。こうして『白毫観法』撰述後四年にして、『往生要集』三巻は完成したのであった。

『往生要集』は序文で「往生極楽の教行《きょうぎょう》」に関し「念仏の一門に依《よ》りて、いささか経論《きょうろん》の要文を集む」と書名の由来を説明しているように、念仏門の立場から、経や論の幹要な部分の文章を引用配列することにより、一貫した論旨を展開するスタイルをとっている。かつて花山信勝氏が精査したところでは、引用の経論は百六十余部、引文の数は九百五十二文におよぶという。もちろんその中には、直接原典によらず、先行の論著からの間接的引文と思われるものも少なくないが、それにしても膨大な経論を博捜し、浄土や念仏往生に関する要文を典拠を明示しつつ自在適切に引用して、自己の論旨を明快に展開していく源信の博覧強記は、驚歎に価する。これほどの労作がわずか半年で可能かと、花山氏が末文の撰述期間に疑問を呈したのも無理からぬところである。

### 予がごとき頑魯のもの

しかし『往生要集』の前提として、すでに天元四年（九八一）六月に『白毫観法』が撰述されていたことを考慮に入れると見方も変ってくる。『往生要集』における、経論の要文を引用配列して論旨を展開していくスタイル、『観経』真身観を天台観実相実現の理観として念仏の究極に位置づける念仏観の原型などは、すでに『白毫観法』にうかがえる。『白毫観法』は、いわば『往生要集』の部分的デッサンであり、この方法・構想を拡大し、要文を抽出する作業は、『白毫観法』完成直後から行なわれていたはずである。そうした周到な準備に三年余を費やした後、これを最後にまとめあげる期間は、源信の筆力をもってすれば、六ヵ月で十分だったと思われる。

『往生要集』執筆の動機や背景については、古くは源信を仏道に向わせてくれた母の死、近年では、師良源の逝去、さらに後任座主に摂関家出身の尋禅が就任したことによる横川同朋教団の伝統崩壊への源信の危機感などがあげられている。母の死については、没年自体が不明なのだから論外だが、『往生要集』執筆中の源信が、師の悲報や後任座主をめぐる山内の混乱に、心を痛めたのは事実であろう。しかし師良源の下での栄達の道を棄て、すでにおのれの向うべき道をはっきりと自覚していた源信にとって、それらが『往生要集』執筆に具体的影響を与えたとは思えない。源信は、『白毫観法』執筆以来のみずからの軌道に則って、念仏による救いを模索する念仏結社の人びとのため、正しい念仏のありかたを説きあかすことに、冬の横川の山中に籠って日々専念したのである。

こうした源信の意図は、『往生要集』の有名な序文によって明らかである。

それ往生極楽の教行《きょうぎょう》（教えと修行）は、濁世《じょくせ》末代の目足《もくそく》（智目行足《ちもくぎょうそく》。智を目に行を足にたとえ、もっとも肝要なこと。上の教〔智〕行を受けている）なり。道俗貴賤たれか帰《き》せざるものあらん。ただし顕密《けんみつ》の教法《きょうぼう》（顕教・密教の教え）は、その文《もん》、一にあらず。事理《じり》の業因《ごういん》（事観理観など往生の修行）は、その行《ぎょう》、これ多し。利智《りち》精進《しょうじん》の人は、いまだ難《かた》しとなさざらんも、予がごとき頑魯《がんろ》のもの、あにあえてせんや。この故に、念仏の一門に依《よ》りて、いささか経論の要文《ようもん》を集む。これを披《ひら》いてこれを修むるに、覚り易《やす》く、行《おこな》い易からん。惣《す》べて十門あり、分ちて三巻となす。一には厭離穢土《おんりえど》、二には欣求《ごんぐ》浄土、三には極楽の証拠、四には正修《しょうじゅ》念仏、五には助念《じょねん》の方法、六には別《べつ》時《じ》念仏、七には念仏の利益《りやく》、八には念仏の証拠、九には往生の諸業《ごう》、十には問答料《もんどうりょう》簡《けん》なり。これを座右に置いて、廃忘《はいもう》に備えん。

たびたびふれたように、『往生要集』の名を一般に高からしめたのは、大文第一の地獄の惨と大文第二の極楽の美の対照的描写の妙であり、最初にあげた来迎寺の六道絵など浄土教美術の発達におよぼした影響は大きなものがあったといわなければならない。しかしこの序文で、源信が「予がごとき頑魯のもの」も浄土往生のための教儀や修行を理解しやすく実践しやすいように、念仏というかぎられた教えの立場から経論の要文を集めたもので、座右において備忘としようとのべているのをみれば、『往生要集』は、浄土往生のための念仏実践の手引書であり、備忘録というべきものである。「利智精進の人」に対する

「予がごとき頑魯《がんろ》のもの」を、石田瑞麿氏は、「わたしと同じような、かたくなで愚かなもの」——源信と同じような念仏の道を歩む愚かな人たち——と解している（日本思想大系『源信』）。文脈に即していえば読みこみすぎの感もするが、すでにのべた『往生要集』成立に至る過程を背景においてこの序文をみれば、むしろ源信の意のあるところをとらえているといえよう。『往生要集』は、源信みずからの念仏実践の書であるとともに、念仏を通じてともに菩提を求め利他を願う、念仏結社の同信同行の人びとのための書でもあった。そして、源信が『往生要集』を執筆した最大の理由も、ここに求められるであろう。

# 『往生要集』成立の影響

# 念仏結社の人びとと『往生要集』

## 保胤の出家と勧学会の解散

前に私は、『往生要集』の反響の大きさをもっともよく示すのは、その念仏理論を実践しようとして、『往生要集』完成の翌年に発足した念仏結社二十五三昧会《ざんまいえ》であろうとのべた。では源信が、『白毫観法《びゃくごうかんぼう》』さらに『往生要集』を執筆する際に念頭においた勧学会《かんがくえ》と、この二十五三昧会は、どのような関係にあるのだろうか。

横川《よかわ》の天台僧と文人貴族による念仏結社勧学会は、会の結衆である源為憲《ためのり》が永観二年(九八四)に著した『三宝絵詞《さんぼうえことば》』では、年中行事化した仏教法会の一つとして記されているから、源信が『往生要集』を起筆した永観二年十一月ころ存在していたことは疑いないが、以後その活動を伝える史料は絶えてしまう。寛和二年（九八六）五月、横川の僧たちによって、新たに念仏結社二十五三昧会の設立が企てられたのは、その時点で勧学会が、すでに解散ないし有名無実化していたことを示している。

勧学会が消滅した理由として、井上光貞氏が『日本浄土教成立史の研究』で指摘して以来定説化しているのは、慶滋保胤《よししげのやすたね》の出家である。『日本紀略』寛和二年（九八六）四月二十五日条に「大内記《だいないき》慶滋保胤出家す」とあるように、『往生要集』完成のちょうど一年後、保慶は出家して横川に入った。法名を寂心《じゃくしん》と号したが、「入道内記」とか「内記のひじり」の名で広く知られた。保胤の出家によってリーダーを失った勧学会は、自然解散の形となったのであろう。

保胤の出家の直接の理由について、明記する史料はない。有力な説としては、保胤が大内記として参画していた花山《かざん》新政の崩壊があげられている。永観二年（九八四）八月、律令的新政策をかかげた花山天皇の政治が始まったが、発足当初の政策には、摂関政治の弊を改め、文人貴族たちが理想とする文章経国の再現を思わせるものがあった。保胤も、文筆官僚として公文書作成により新政の一翼を荷っているという充足感、精神の昂揚がみられた。そうした保胤が、寛和二年四月、一転して大内記の職を捨てて出家したのは、新政の挫折が明白となり、現世における文筆官僚としての自己の存在理念が失われたからだろうという。事実この二ヵ月後、花山天皇は藤原兼家の策謀によって退位し、文人貴族たちが期待を寄せた新政権は完全に崩壊した。

保胤が出家した直接の理由は、こうした政界の動きと関係すると思われるが、その背景には、源信との交友を通じての道心の深まりを無視できない。

## 保胤の信仰の深まり

保胤は、出家直後の寛和二年七月二十日、天満天神菅原道真《すがわらのみちざね》を祀る北野社に奉った願文《がんもん》で、

かつて神仏に栄誉ある身分と名声を祈ったとき、所願成就せば天満天神の廟《びょう》に文士を集めて詩編を献じようと誓った。天神は詩文の祖だからである。しかし自分は年老いて、出家し仏道を求める身となった。いま年老いた沙弥《しゃみ》（保胤）には、風月（詩文）の報謝を神に行なう術《すべ》なく、法華一乗の講筵を行なおうと思う。そもそも花言綺語《かげんきご》の遊び（詩文の会）を行なったとて、神になんの益あろう。法華一乗の教えによってのみ、成仏できるのだ。これによって天満天神に慶あらば、衆生これにあずかり、功徳無辺あまねく一切に及ぼし、ともに仏道を成ぜんことを。

とのべている（『本朝文粋』十三）。文筆官僚として立身出世し文章経国の実現を夢想した

当時とは大きな心境の変化であるし、文人貴族たちが生き方の理想とした唐の白居易《はつきょい》（白《はく》楽天《らくてん》）の故事にならい、会衆の作詩奉納をもって往生極楽の方便と考えていたらしい勧学会の行事とも隔ってしまっている。源信が保胤との交友を通じて、念仏結社の人びとのため正しい念仏のあり方を明らかにしようと努めるとき、保胤もまた、源信の感化によって天台法華一乗の教えに傾倒し、風月詩酒の楽遊視されていた勧学会の現実にあきたりなくなっていったのであろう。

後に源信が『往生要集』とともに中国に送った保胤の著書として、『日本往生極楽記』と並んで『十六相讃』がある。近年発見された十二世紀初めの写本によると、『十六相讃』は、原題を『西方極楽世界十六想観画讃』といい、『観経』十六観のそれぞれについての漢詩による讃文で、いわゆる「和讃」に対して「漢讃」とでもよぶべきものである。「朝散大夫《ちょうさんだいぶ》（従五位下の唐名）行《ぎょう》大著作郎（大内記の唐名）慶保胤文」と、出家以前に書かれた『日本往生極楽記』初稿本と共通する撰号になっているから、大内記在任中の作と考えるべきだろう。一例として「仏色身観」をあげてみよう（佐藤哲英『叡山浄土教の研究』資料編）。

仏の身は、閻浮檀金《えんぶだんごん》の色

仏の長《みたけ》は、恒沙由旬《ごうしゃゆじゅん》の程《ほど》
四大海水、青蓮《しょうれん》の眼《まなこ》
五須弥山《しゅみせん》、白毫の芒《ひかり》
八万四千の相を具足《ぐそく》して
遍《あまね》く八万四千の光を照らす
この光は、三有界の念仏の
衆生を隔《へだ》てずして、尽《ことごと》く照　将《しょうしょう》したもう

佐藤哲英氏は、「勧学会の運動につれて年一年とその信仰の高鳴りを感じていた保胤が、日ごろ愛誦していた『観無量寿経』の十六観の一一につき、その天稟《てんぴん》の文才をもって簡潔な偈頌をつくったもので、保胤の胸にいだいた宗教的情熱の芸術的表現といわねばならない」と評している（『叡山浄土教の研究』研究編）。ここには、従来の勧学会の「こゑ仏事」＝称名念仏とは大きく異なる天台的観想念仏の世界への関心の高まりがよみとれる。それは大内記在任時代の保胤が、『白毫観法』から『往生要集』へと展開していく源信との交友を通じて念仏観を深化させていった現れといえる。後に源信が、「異域《いいき》（日本）にも極楽往生の志のあることを大宋国の人びとに知らしめようと思う」として、『往生要集』とともに本書を中国に送った理由もわかる。

**『日本往生極楽記』**　出家直前、おそらく『十六相讃』を作ったのと同じころ、保胤が宗教的情熱を傾注したのは、『日本往生極楽記』の撰述であった。その最初の原稿は、念仏者千観の伝を載せるから、千観が没した永観元年（九八三）十二月を上限とし、『往生要集』に「慶氏《けいし》日本往生記」の名が見えるから、寛和元年（九八五）四月を下限とする間に成立したことになる。

当時、『白毫観法』はすでに完成し、源信は『往生要集』の構想を、折りにふれて保胤にもらしていたかもしれない。こうして源信の念仏理論体系化の構想に刺激された保胤が企図したものは、念仏往生者の実例を多く示すことで、やはり「予がごとき頑魯のもの」の念仏の志を励まそうとする試みであった。

『往生極楽記』序文によると、保胤は、唐の浄土教家迦才《かざい》が『浄土論』において経論による往生理論を説いた後に、「衆生は知浅くして聖旨に達せず。もし現に往生の者を記せずんば、その心を勧進《かんじん》することを得じ」と称して往生者の実例をあげているのに共鳴し、また唐の往生伝『瑞応刪伝《ずいおうさんでん》』をよみ、「牛を屠《ほう》り鶏《とり》を販《ひさ》」ぎながら念仏往生した人びとの存在を知って、いよいよ浄土往生の志を固くすることができた。そこで海彼の往生伝にならって、国史・別伝を検し、かねて故老に話を聞き、異相往生者四十余人の伝記を集めた。「後にこの記を見る者、疑惑を生ずることなかれ。願わくは、われ一切衆生とともに安楽国に往生せん」と、保胤は序文を結んでいる。

保胤はどのようにして、大陸渡来の『浄土論』と『瑞応删伝』をよむことができたのだろうか。平林盛得氏は、大陸渡来の両書は叡山に所蔵されており、保胤が勧学会を媒介として源信から両書を示された可能性を指摘している。念仏結社勧学会における二人の交友を考える上でも興味深いが、その因縁によってか保胤は、『往生極楽記』の初稿本を完成後ただちに源信に送ったらしい。源信は早速『往生要集』大文第七で、

また震旦《しんたん》国（中国）には、東晋よりこのかた唐朝に至るまでに、阿弥陀仏を念じて浄土に往生せし者、道俗男女合せて五十余人あること、『浄土論』ならびに『瑞応伝』に出でたり。わが朝においても往生せる者も、またその数あり。具《つぶさ》には慶氏の『日本往生記』に在り。

とこれを紹介し、後に『往生要集』とともに中国に送った。迦才が『浄土論』で、経論引用による往生理論と往生者の実例を併記したのに対し、源信の『往生要集』では、経論引用による念仏理論の体系化を主眼とし、一半の往生者の実例については、完成したばかり

の保胤の『往生極楽記』にゆずったともいえる。

いずれにせよ源信と保胤は、勧学会を媒介として交友を深めつつ、念仏実践による浄土往生に、それぞれ理論と実例の面から迫ろうとしたのである。『往生要集』は、もともと保胤をリーダーとする勧学会における念仏実践を想定して編まれたものである。しかし『往生極楽記』撰述を通じて、真摯な念仏実践者の実例に多くふれた保胤は、文人貴族趣味がぬけ切れぬ勧学会の現状にあきたらず、より純粋な信仰生活を求めていたのであろう。加えて花山新政のゆきづまりで文筆官僚としての存在意味もなくなった保胤は、『往生要集』を手にした感動を、源信の住む横川への出家入山という行動で現すことになったのである。

**勧学会から二十五三昧会へ**

こうして消滅した勧学会と、保胤出家の一月後に発足した二十五三昧会の関係について、かつて井上光貞氏は『日本浄土教成立史の研究』において、二十五三昧会の成立を勧学会の発展的解消として位置づけた。これに対して、勧学会が僧侶と文人貴族の両方を含むのに二十五三昧会は俗人を含まないこと、二十五三昧会発会に源信・保胤が直接関与していないことなどから、否定的意見も多い。たしかにこの二つの念仏結社は、その構成員から考えて、そのままつながるものではないが、勧学会の人びとに正しい念仏生活を示そうとした『往生要集』の撰述が結果的に勧学会を解散させ、『往生要集』の理念の実践をめざして二十五三昧会が新たに発足したと考えれば、「発展的解消」という表現も、あながち不当ではない。まして源信と保胤が、発会後ほどなく二十五三昧会の運営に深くかかわるようになったことをみれば、なおさらである。

寛和二年（九八六）五月二十三日、横川の僧二十五人を根本結衆として発足した二十五三昧会は、同年九月十五日、発足時の『式文』に代って『横川首楞厳院《よかわしゅりょうごんいん》二十五三昧起請《きしょう》』を定めた。全体が八ヵ条からなるので、『起請八箇条』と略称されるが、その末尾に「慶保胤の草と云々」と註記されている。この当時、本人なら「寂心」と書くべきで、これは後人の加筆である。しかし保胤の草稿とするのは必ずしも誤りではない。『起請八箇条』の終りの部分に、

多く西唐の先輩を考えるに……かの張鍾《ちょうしょう》（張鍾馗《しょうき》）は販鶏《はんけい》の悪人なり。異香室に満つ。敗善《はいぜん》は殺牛の屠士《とし》なり。紫雲《しうん》家を遶《めぐ》る。あに最後の善知識《ぜんちしき》の故（功）力にあらずや。いわんや、われら戒行欠くといえども、心願これ深し。

とあるのは、明らかに『往生極楽記』巻頭の、

瑞応伝に載するところの四十余人、この中に、牛を屠り鶏を販ぐものあり、善知識に逢いて十念に往生せり。

という一節をふまえて書かれたもので、中国往生伝に通暁した『往生極楽記』撰述後の保胤の筆にふさわしい。註記どおり、当時横川にいた寂心（保胤）が、乞われてこの起請文を書いたとみて、恐らく誤りあるまい。

ところで『起請八箇条』は、さらに続けて、

いま極楽の蓮台に発心し、長く十口《じっこう》の禅侶と結縁《けちえん》す。尼女・在俗はこの限りにあらざるも、よろしく競い望むに随って、まさにもって補入《ほにゅう》すべし。

と記している。二十五三昧会に新たに十人の僧侶が結縁し、希望にしたがって入会を許されたというのだが、『源信』（人物叢書）で詳しくのべたように、この十人の中には、花山法皇、厳久、そして源信が含まれていたと推定される。

最愛の女御《にょご》忯子《よしこ》を失い、悲歎の境にあった十九歳の花山天皇は、藤原兼家の策謀によって、この年六月に出家退位し、横川に入っていた。源信に兄事したが世俗的野心家でもあった厳久は、兼家の意を体して天皇に世の無常を説くなど、この事件に一枚かんでいたらしい。その因縁もあって、厳久は出家後の若い法皇に従い、なにくれとなく身辺の世話を

した。寛弘五年（一〇〇八）二月、花山法皇が腫物《しゅもつ》を病み、四十一歳の若さで没すると、同じ年の六月、六十五歳の厳久も、まるであの世でも法皇に扈従《こしょう》しようとするかのように、同じ腫物の病で世を去るが、それはまた後の話である。

横川入山直後の法皇は、書写山に性空聖をたずねたり、延暦寺戒壇で廻心戒《えしんかい》を受けたりしているが、これらは厳久の仲立ちによるものだろう。旧知の兄弟子源信に法皇を引き合わせ、二十五三昧会結縁の希望を伝えたのもかれかもしれない。また、法皇と源信の邂逅《かいこう》を考える場合、もう一人の重要な人物は、源信の盟友寂心、かつては花山新政を支えた大内記慶滋保胤である。この時期、横川の地で法皇と寂心の対面が実現されたとすれば、ともに新政の夢破れ、俗世を棄て僧形《そうぎょう》となって再会する二人の感慨は、いかばかりであったろうか。

いずれにせよ、『起請八箇条』が書かれた寛和二年（九八六）九月ころまでに、源信が花山法皇や厳久とともに二十五三昧会に入会したのは、おそらく厳久を通じて伝えられた法皇の結縁入会の希望に仲介の労をとった結果だろうが、二十五三昧会結衆たちが、かねて尊敬する『往生要集』の著者を、この機会に会の指導者として迎えたいと願ったことにもよるであろう。源信としても、解散した勧学会に代って『往生要集』の念仏理念の実践をめざす二十五三昧会への入会協力は望むところである。二十五三昧会こそ、源信が勧学会に求めた念仏結社としての理想像に他ならなかった。

**念仏結社と源信・保胤**

こうして入会した源信は、会の規約整備にただちに参画することとなり、草案の執筆には、横川にあって文名高い親友寂心の手をわずらわしたのである。『起請八箇条』は、寂心（保胤）の筆になるとはいえ、いわば源信の意を体したもので、その意味では後に源信が自ら撰した『起請十二箇条』と異なる性格ではないのである。

この前後の念仏結社運動と、こうした源信・保胤の関係をうかがわせる史料に、高山寺《こうざんじ》文書所収「僧範好等連署起請文《れんしょきしょうもん》」がある。これは長徳二年（九九六）八月、範好・叡《えい》桓《かん》・延久ら横川飯室《いむろ》安楽院の住僧五人が、院内住人の守るべき式を定めたもので、式の内容は文書が欠けて不明だが、制式に至る由来が別紙に記されている。それによると、寛和元年（九八五）十月、すなわち『往生要集』が完成した半年後に、飯室北谷の地を安楽谷と号し、同二年夏ころ、横川の源信が供養に訪れたのを機会に、「かれこれ道心あるもの、あいともに議定し、初めて結縁の行法を企て」た。そこで延久の所領の建物を施入し、道心ある僧俗が力を合せて建物・僧房などを修造し、同年十月から行法を始修した。この時、会の縁起の草案は入道内記（寂心）が書いたが、「草案いまだ一定《いちじょう》せざるの間に、内記は他行され、その草は落失」してしまったという。

この由来をよむと、二十五三昧会発足と同時期の寛和二年夏、横川の中心から離れた別所飯室《いむろ》でも僧俗あいよって念仏結社結成の企てがあり、源信はその発会に結縁参画し、寂心が会の縁起の草案を作成したことがわかる。この飯室安楽院の念仏会における源信と保胤の役割分担が、二十五三昧会の場合とそっくりなのは興味深い。『往生要集』に刺激され、横川の地を中心に念仏結社結成の気運が澎湃《ほうはい》としておこり、源信と保胤は、念仏実践の指導、規約草案の作成と、役割を分担し、一体となって運動の発展に尽力したのである。

## 『往生要集』と文人貴族

かつて井上光貞氏は、『日本浄土教成立史の研究』において、勧学会の本質は、摂関貴族社会の弊風を批判し、来世の救済を志向する文人貴族の念仏結社運動であったとみなし、「康保元年以来二十年、保胤は仲間の文人及び叡山僧との間の勧学会を指導してきた。この叡山僧のなかに源信が加わっていたかどうか知られないが、末期には二人は近づき、これがやがて源信との二十五三昧会に発展した。そして『要集』成立の時期は、勧学会が二十五三昧会に発展解消した時期だったのである」と結論した。

いままでたどってきた源信と保胤の交友、『白毫観法』から『往生要集』への発展などの過程を考えれば、このとらえ方は大筋において納得できるだろう。

ところで井上氏は、勧学会に参加した貴族が文人貴族であったことから、浄土教は、変動する時代の矛盾をもっとも痛切に体験した中下層貴族ことに知識人の間に、まず発達したと考えた。その後に著した『日本古代の国家と仏教』でも、王朝貴族が天台浄土教に帰依しはじめた寛平《かんぴょう》・延喜のころ（九世紀末〜十世紀初め）は中下層文人貴族が中心であったが、空也が貴顕の間にもてはやされたころ（十世紀後半）から、天皇家や摂関家など上流貴族の間にもいきわたりはじめたとのべている。しかし十世紀初頭までの文人貴族の浄土信仰はきわめて散発的であり、勧学会が念仏結社としての色彩を鮮明にするよりむしろ以前の九六〇年代から、藤原高光・敦忠・義孝ら摂関家につらなる上流貴族の浄土教帰依《きえ》や出家が認められるなど、王朝貴族の中で中下層文人貴族の浄土教受容が時期的にもっとも早いとは、単純にいえないように思う。

ただ、この本のテーマである「『往生要集』と貴族社会」という視点でみるならば、すでに縷々《るる》のべたように、『往生要集』が源信と保胤の交友を軸に、保胤が指導し当時にあってもっとも高揚した念仏結社勧学会の運動を背景に生まれたことから当然ながら、源信が『往生要集』の読者として最初に想定し、また『往生要集』から最初に影響を受けたのは、慶滋保胤に代表される念仏結社の文人貴族たちであった。それを身分の上下というよりも、貴族社会における存在理念を喪失した一群の人びととしてとらえるならば、二十五三昧会に結縁入会した花山法皇も、共通する側面を有していたのである。それでは、こうした念仏結社の人びとと対蹠的な存在ともいえる摂関家など上流貴族たちが『往生要集』に関心を示すようになるのは、いつごろ、どのような契機によってであろうか。

# 上流貴族社会と『往生要集』

## 道長の臨終

万寿四年（一〇二七）十二月四日、入道前《さきの》太政大臣藤原道長は、法成寺《ほうじょうじ》阿弥陀堂において、六十二年の生涯を閉じようとしていた。万寿二年に娘の寛子《ひろこ》と嬉子《よしこ》、この年五月に息子の顕信《あきのぶ》、そして九月には娘妍子《よしこ》と、あいつぐ逆縁《ぎゃくえん》の悲しみを味わった道長は、妍子の葬儀が終ると、すべての張りを失って病の床に伏した。

十一月に入ると道長の体力は急速に衰え、下痢と背中の腫物に苦しみ、飲食も受けつけなくなった。最後の時が近づいたのを悟ったのか、十一月二十五日、道長は御堂《みどう》とよばれた法成寺の阿弥陀堂（無量寿院）の念誦《ねんじゅ》の間に移り、四方に屏風を立てて、その内に伏した。

道長の没後数年の長元年間（一〇三〇ごろ）に書かれたと思われる『栄花物語』が伝える道長臨終のさまは、さすが一代の権力者にふさわしい荘厳なものであった。道長は、すでにこの世への執着を捨て去った様子で、四方の屏風の西面《にしおもて》をあけ放ち、御堂本尊の金色丈六《じょうろく》九体《くたい》の阿弥陀像にあい対し、九体の手を通して中尊の手に集めとじた村濃《むらご》染めの蓮の糸の端をにぎった。

すべて、臨終念仏おぼし続けさせ給。仏の相好《そうごう》（経典に説く阿弥陀仏の姿《すがたかたち》形の特徴）にあらずより外《ほか》の色《いろ》（形あるもの）を見むとおぼしめさず。仏法の声にあらずより外の余《よ》の声を聞かんとおぼしめさず。後生《ごしょう》の事より外の事をおぼしめさず。御目には弥陀如来の相好を見奉らせ給、御耳にはかう尊き念仏をきこしめし、御心には極楽をおぼしめしやりて、御手には弥陀如来の御手の糸をひかへさて給て、北枕《きたまくら》に西向に臥《ふ》させ給へり。

とは、『栄花物語』が描く道長臨終の姿であり、阿弥陀堂につめかけた人びとは、仏の入滅の日に会ったように悲しんだ。『栄花物語』の作者は、こうした臨終のさまをみるに、道長は仏・菩薩が権《か》りに人の姿で現れた「権者《ごんじゃ》におはしましけり」とまで讃えている。

しかし『小右記《しょうゆうき》』など貴族の日記が伝える道長の臨終は、いささか生ま生ましいものである。

道長が下痢と背中の腫物に苦しんでいたことは前にふれたが、十一月下旬には、飲食もとれぬまま急速に衰弱し、意識はしばしば遠のき、排泄物に汚れた病床は、見舞に来た娘の彰子《あきこ》と威子《たけこ》が近よれぬほどだったという。さらに頸を振る症状が加わり、医師の和気相成《わけのすけなり》は、背中の腫物の毒気が腹に入ったので、もう助かるまいと診断している。こうした危篤状態で、道長は病床を法成寺阿弥陀堂に移したのである。

十二月二日、最後の手段として、医師の丹波忠明《たんばのただあきら》が針を使って腫物の切開を試みたが、血膿が少し出ただけで、苦痛にたえかねた道長は激しく声をあげた。十二月三日、道長は完全に意識を失い、四日の寅の刻（午前四時）に息絶えた。しかし体の温みはなかなか消えぬので、人びとはあきらめ切れぬまま、その後もしばらく念仏を続けたという。

## 『往生要集』による理想化

病床を尋ねた貴族たちの話を伝える『小右記』の生ま生ましい記述は、道長臨終の実際の姿であったろう。阿弥陀仏に導かれて従容として浄土に旅立って行ったという『栄花物語』が描く「権者」の臨終の姿とは、あまりにも隔たっている。

いったい『栄花物語』の大部分が史実を物語体に記述しているのに対して、道長の道心の深まりから死に至る「法成寺グループ」とでもよぶべきいくつかの巻は、仏典類を引用駆使して文体も異なり、特異な部分とされている。この部分の作者は、史実としての病床の道長の姿にあえて目をつぶり、栄華をきわめた物語の主人公の最後にふさわしく、理想像化して描いたのである。その理想像化の描写の下敷きとなったのは、『往生要集』に他ならなかった。

『栄花物語』の研究で知られる松村博司氏が指摘するように、前に記した道長臨終の文章は、『往生要集』大文第六の第二「臨終行儀」に、

仏の相好にあらざるより、余の色を見ることなかれ。仏の法音にあらざるより、余の声を聞くことなかれ。仏の正教にあらざるより、余の事を説くことなかれ。往生の事にあらざるより、余の事を思ふことなかれ。

とあるのに拠っているのは明らかだし、西に向いて阿弥陀仏の手の糸をとり、念仏を称え来迎を願うなど、『往生要集』がこまごまと説明している臨終の際の心得を実行しているのである。さらにいえば、道長が臨終の病床とした法成寺阿弥陀堂の本尊九体の阿弥陀仏を讃えて『栄花物語』「たまのうてな」は、

実には借像（寂静《じやくじよう》）にしてただ名のみなり。この故に正に知るべし、所観の衆相は

則《すなわちこれ》是三身即一の相好光明なり。諸仏同体の相好光明也。万徳円融の相好也。色即是空なるが故に、これを真如実相といふ。空即是色なるが故に、これを相好光明といふ。一色一香中道にあらずといふ事なし。受想行識も亦《また》〳〵かくの如し。衆生の三道、弥陀の万徳と、もとより空寂にして、一体無碍《むげ》なりといひき。

と記しているが、これは『往生要集』全編の圧巻というべき大文第四「正修念仏《しょうじゅ》」の惣《そう》相観《そうかん》の結論部分を、そっくりそのまま引用しているのである。「といひき」とは、「往生要集にいっている」との意味になるから、『栄花物語』作者は、道長の仏教関係の記述には、『往生要集』をつねに参照し、下敷きにしていたと思われる。

## 道長と『往生要集』

『栄花物語』の作者が、物語の主人公である道長の仏事や臨終の描写に、つねに『往生要集』の該当する部分の文章を意識し、引用しているのは、作者個人の立場によるのだろうか。道長自身が『往生要集』に生前から関心があったことを示しているのだろうか。

藤原行成《ゆきなり》の日記『権記《ごんき》』の寛弘二年（一〇〇五）九月十七日の条をみると、道長は手持ちの『往生要集』をもとにして、新しい写本を行成に作成してもらったことがわかる。藤原行成は、小野道風《おののみちかぜ》・藤原佐理《ふじわらのすけまさ》とともに三蹟とよばれる書の達人だが、温厚実直な人柄で、ことに道長のためには労をおしまず働いたので、道長はいつも感謝・信頼していた。道長がなくなる数日前から病気にかかっていたが、道長死去の当日、手洗いに立って転倒し、五十六歳で急死した。あの世まで道長に従って行ったようなものだが、それはともかく、このように個人的に親しかった能書家の行成に、道長は特に頼んで『往生要集』を書写してもらっており、道長が寛弘二年、すなわち四十歳にかかるころから『往生要集』を愛読していたことがうかがえる。

道長の『御堂関白記《みどうかんぱくき》』には、前年の寛弘元年から源信の名前が出てくる。六月二十二日の条に、物忌《ものいみ》のため長谷《ながたに》の解脱寺《げだつじ》に夫人源倫子《みちこ》とともに詣でた際、使を比叡山横川の源信僧都のもとに遣わしたと記している。使は翌日帰ってきたが、さらに二十六日にも「悩む所あるによりて」再度使者を源信のもとに派遣した。六月九日条には、七日以来頭痛がひどかったが、今日は午後から「重く悩む」状態になったと記しているから、源信に使者を派遣した際の「悩む所」も、体調がすぐれなかったことをいっているのである。七月二日には、道長は「霍乱《かくらん》を悩み」、一時意識不明になった。霍乱とは下痢をともなう急な暑気当りである。園城寺の名僧勧修《かんじゅ》が招かれて修法を行ない、病はほどなく収まったと記しているから、源信のもとに使を派遣したのも、除病の祈禱をしてほしいとの願いだったのだろう。『御堂関白記』でみるかぎり、源信は道長のもとに行かなかったようだが、こうした交渉を通じて道長は『往生要集』に親しむようになり、座右の書としたのであろう。こうした道長夫妻の『往生要集』への傾倒が、道長の法成寺阿弥陀堂建立や、源信が指導する霊山院《りょうぜんいん》釈迦講への倫子の参加をもたらしたと考えられる。その意味では、『栄花物語』作者が、道長の仏教関係部分の記述に『往生要集』を利用したのは、理由のないことではない。

## 道長の源信への関心

このように藤原道長は、寛弘元年（一〇〇四）六月ころから源信と交渉を持とうとし、やがて『往生要集』の愛読者になっていくのだが、この年五月二十四日、大僧都厳久の願いに応えて源信を権少僧都に任ずる宣旨が下ったのが、道長が源信に関心を示す直接のきっかけになったと思われる。

源信は、この年の比叡山の六月会《みなつきえ》に行なわれる広学竪義《こうがくりゅうぎ》の探題《たんだい》博士に任命されていた。広学竪義は若い天台学僧の登竜門として知られるが、一山の僧が参加聴聞する竪義の場をとりしきる探題博士には、天台教学の蘊奥《うんのう》をきわめた碩学が代々任じられる。厳久も、探題博士源信の下で会の諸役を勤めることになったが、厳久は権大僧都《ごんのだいそうず》の職にあり、法橋《ほっきょう》上人位《しょうにんい》の源信よりも、僧侶の身分としては上位であった。しかし厳久は源信より二歳若く、かつて広学竪義を受ける際に源信に因明《いんみよう》（仏教論理学）を教えてもらって以来、源信を兄弟子としてうやまっており、竪義の場での席次などに困惑した厳久は、この年二月の奏状で、自分の大僧都の職を返上する代りに源信を僧正相当位の法印《ほういん》大和尚位に任じてほしいと朝廷に願い出た。厳久は、前にもふれたように花山天皇退位事件の黒幕とされるなど世俗的野心家の一面があり、権力者にすりよる態度は藤原実資の顰蹙《ひんしゆく》をかったこともあった。世俗的栄達を好まぬ源信とは正反対ともみえるが、性格の相違がかえって気兼ねないつきあいを可能にしたのか、二人の交友は終生変らなかった。この時の奏状は『源信僧都伝』に収められているが、厳久の真情の表れとして素直にとってよいと思われ、それだけに上流貴族たちの間での格好の話題となったろう。

　結局、五月二十四日になって、厳久の権大僧都の任を停め、源信を権少僧都に任ずる宣旨が下ったが、道長は左大臣としてこの宣旨にかかわり、「僧綱召《そうごうめし》のことあり、権少僧都源信、大僧都厳久の退辞するところなり」と『御堂関白記』に記している。職務上この宣旨にかかわり、朝廷に出仕することもないのに厳久の奏状で「方袍《ほうほう》の領袖《りようしゆう》（僧侶のかしら）、円輪の輗軏《げいけつ》（天台教学のかなめ）」とまで讃えられる源信の存在に関心をいだいたのがきっかけとなって、翌月の病気の際の祈禱依頼から、やがて『往生要集』の愛読へと発展していったのであろう。

### 上流貴族社会と源信

この推測が正しいなら、道長が源信の存在に関心を示し、『往生要集』の愛読者となるのは、寛和元年（九八五）の『往生要集』完成から約二十年後ということになる。『往生要集』が完成した年、道長はすでに二十歳であったから、もし完成当初から『往生要集』が上流貴族たちの間で広く読まれ、源信の名声が高かったならば、もっと早く関心を示していてもよいように思うが、貴族社会の中でも念仏結社に関係したような文人貴族以外で、ことに摂関家を中心とする上流貴族たちの間で、浄土教家としての源信の名が広く知られ、『往生要集』への関心が高まるのは、いつごろからであろうか。

源信が広学竪義に及科した翌年、天延二年（九七四）の宮中論義の場に、南都北嶺を代表する十人の若い学問僧の一人として出席し、平親信らに称賛されたことは前にふれたが、それは論義の場での学才と弁舌に対するもので、浄土や念仏の教えとはまだ無縁だった。源信はやがて論義や法会の場から遠ざかり、浄土の業に専念するようになるのだが、この間、上流貴族の日記などに源信の名はまったく現れない。『往生要集』を完成させ、二十五三昧会に入会してその基礎を定めた後、九州博多に向った源信は、来航していた宋の商人朱仁聡《しゅじんそう》と若い沙弥斉隠《さいいん》に会い、保胤の『往生極楽記』『十六相讃』などとともに『往生要集』を中国に伝えてくれるよう託した。永延二年（九八八）正月のことである。この時の源信の書状や『往生要集』遺宋の経緯は『源信』（人物叢書）で詳しくのべたので略するが、『源信僧都伝』は、この『往生要集』遺宋の記事の後に、

頭陀斗藪《ずだとそう》いく旬ならずして、早くも本山（比叡山）に帰る。ついに智行具足を以て、天子の勅ありて、内供奉十禅師《ないぐぶじゆうぜんじ》、ついで法橋《ほつきよう》上人位を授け、六月会《みなつきえ》の竪義の探題博士となる。

と、貴族社会での源信の名声が高まっていく過程を記している。

この記事の最後の探題博士宣下は寛弘元年（一〇〇四）春のことで、それが厳久の大僧都職返上にともなう源信の権少僧都補任、さらに藤原道長の源信への遺使と発展していくのは、すでにのべたとおりである。その前の法橋上人位叙位については、藤原行成の『権《ごん》記《き》』長保三年（一〇〇一）三月十日条に、

この日、内供奉源信・覚運ら、法橋上人位に叙すべし。件などの人、年来の宿願ありて、すべて出仕せず。御願《ごがん》（天皇の願い）やんごとなく、綸旨（天皇の言葉の趣き）慇《いん》懃《ぎん》なるにより、すなわち今日ともに参入すと。その情を励まさんがため、並にこの恩

（叙位）あるなり。

と記しており、朝廷では、内供奉に任じられながらこれまで出仕することのなかった源信と覚運の参内《さんだい》を喜び、律師《りっし》相当位の法橋上人位に叙して報いたのである。長保四年（一〇〇二）に書き、翌年、寂照に託して中国天台に送った源信の『天台宗疑問二十七条』に、「日本国天台山楞厳院《りょうごんいん》法橋上士（人か）位内供奉十大禅師源信」と署名されているのも、これに符合する。

　もっとも、源信と親交のあった覚運が、長保三年の叙位を境に左大臣藤原道長に接近し、宮中にも出入りするようになったのに対し、源信は二度と宮中の講会には出仕しなかった。厳久が、源信を法印大和尚位に任ずるよう願った状で、「源信の位は、わずかに法橋の卑賤においてし、厳久の職は、すでに僧都の広大に登る。これ朝選の抛忘《きぼう》（忘れ棄て去る）と知るといえども、偏えに〔源信の〕夙意《しゅくりょ》（かねてからの思い）の退譲（人に譲る）による」と記すのをみれば、法橋上人位叙位後の源信は、名利を避け宮中への出入りを好まなかったため、貴族たちの間では忘れられた存在になっていたようでもある。

　それはともかく、源信が朝廷の上流貴族たちに評価処遇された最初は、以上の諸史料からみて、法橋叙位に先立つ内供奉十禅師補任と考えられる。『源信僧都伝』の記載をみれば『往生要集』遣宋以後のことだろうが、その年を明記する史料はない。しかし私は、源信が天皇を護持する内供奉十禅師に任じられたのは、おそらく正暦二年（九九一）以後のことと推察する。

## 『往生要集』遣宋

前述のように、永延二年（九八八）正月、源信は九州博多で、来航していた宋の商人朱仁聡と同船の沙弥斉隠に会い、『往生要集』を帰帆に託した。その後の『往生要集』の行方については、『源信』（人物叢書）で詳しく論証したので、ここでは結論だけをのべると、朱仁聡の船で運ばれた『往生要集』は、朱仁聡の貿易商仲間の婺州《ぶしゅう》の楊仁紹《ようじんしょう》にひとまず預けられた。楊仁紹は、その処置について、近くの雲黄山《うんおうざん》の僧行辿《ぎょうてん》に相談したようである。源信が国清寺《こくせいじ》に納めてほしいと斉隠に伝言していたかどうか不明だが、楊仁紹の貿易商仲間で国清寺に出入りしている台州《だいしゅう》の周文徳《しゅうぶんとく》を介して、同寺に納めることとなった。

正暦元年（九九〇）秋、楊仁紹と周文徳はともに博多に来航したが、上記の経過から、楊仁紹は預ってきた行辿の書状を、周文徳は自分が『往生要集』を国清寺に納入した旨を記した書状を、それぞれ大宰府から源信のもとに送った。行辿の書状は同年四月付のもので、この前年、楊仁紹のもとで『往生要集』をよんだ感動を記し、『往生要集』を讃える詩を付している。この行辿の書状と詩は、行辿が贈った経典とともに、『日本紀略』によれば正暦二年（九九二）九月二十一日に横川の源信のもとに届いた。

一方、周文徳の書状は、正暦二年二月に書かれた二度目のものが、現行『往生要集』巻末や『朝野群載』に源信の「遣唐消息」に対する「返報」として収められている。それによると周文徳は、「旧冬」すなわち正暦元年冬、大宰府の役人を通じて源信に書状を送ったが、春になっても返事がないので、重ねて手紙をさしあげるとの書き出しで、つぎのように訴えている。

大師（源信）撰択の往生要集三巻は、捧持して天台国清寺に詣《いた》り、附入すること既に畢ぬ。すなわちその専当《せんとう》の僧（雑務担当僧）、領状（受領書）を予に請《う》けたり。ここに緇素《しそ》（僧俗）随喜し、貴賤帰依して、結縁の男女の弟子伍百余人、おのおの虔心《けんしん》を発し、浄財を投捨し、国清寺に施入して、たちまち五十間の廊屋を飾り造る。柱壁を彩画し、内外を荘厳し、供養礼拝し、瞻仰《せんごう》し慶讃す。仏日光《ぶつにち》を重ね、法灯朗《あきらか》なるを盛《ま》せり。仏法を興隆するの洪基《こうき》（大事を行なう基礎）、極楽に往生するの因縁は、ただ斯《ここ》に在り。

方今、文徳、衰弊の時に忝遇《てんぐう》し（『朝野群載』によれば忝は年の誤写で、「文徳、年《とし》、衰弊の時に遇い」か)、衣食を取るの難《かた》きを免れんと、帝皇の恩沢《おんたく》を仰ぐも、未だ詔勅を隔てず(『源信僧都伝』によれば隔は降の誤写で、「未だ詔勅は降らず」か)。幷日《へいじつ》の食、甑《こしき》は重ねて塵《ちり》を積まんとす(食い延ばしている様は甑に塵が積るほど)。なんぞ飢饉の惑を避けんや。伏して乞う、大師照鑒《しょうかん》を垂れたまえ。弟子、憤念の至りに勝《た》えず。敬んで礼代《れいだい》の状を表す。不宣、謹言。

二月十一日

大宋国弟子周文徳申状

謹上　天台楞厳院源信大師禅室法座前

この周文徳の第二回書状には、大宰府官人の対応への不満が、あらわによみとれる。大宰府来航の外国商人に対する朝廷買上品の支払は、代価を大宰府に遣わさず、返金の官符を大宰府に下して大宰府管内の官物をもって支払わせるのが普通だった。しかし、主として大宰府官人の不正や怠慢によって、支払は延滞しがちであった。『小右記』天元五年(九八二)三月条によると、日本側官人の対応が円滑を欠いたため、来航後三年になっても代価の支払を得られぬ宋商一行の中に餓死者が出たことさえあった。

文徳の第二回書状は、一向に返金の官符が下らぬため食にもこと欠くありさまで憤念にたえず、源信はこの窮状を察して官へ口添えしてほしいとの意がのべられており、第一回書状（現存しない）についで再度書状を書いた文徳の真意は、源信宛書状を借りての中央官人へのアピールにあったようである。五百余人の男女が『往生要集』に結縁し、国清寺に五十間の廊屋を飾り造ったなど、およそ事実とは考えられない、アピールの効果をねらっての空疎な讃辞である。

文徳書状における『往生要集』鑽仰の記述がいかに誇大なものかは、延久四年（一〇七二）に入宋した成尋《じょうじん》の『参天台五台山記』をみれば明らかである。成尋は、『往生要集』『源信僧都伝』はじめ「行辿書状」なども持って宋都開封に訳経三蔵の文恵大師《ぶんけい》を訪ねたところが期待に反して、国清寺はじめ諸州諸寺に『往生要集』は流布していないと文恵に聞かされ、「おそらく婺州《ぶしゅう》の行辿のもとに納められたままで流布しなかったのか、日本で聞くところとはまったく相違している」と不審そうに記している。長保五年（一〇〇三）、源信が中国天台の四明知礼《しめいちれい》にあてた『天台宗疑問二十七条』をもって入宋した寂照の源信宛返書には、「往生要集は現に国清寺に在り、これを弘む。教主宗翌《そうよく》あい逢うてこれを示す」とあるから、国清寺に納められたことは疑いないが、文徳書状のような宋朝の人々の広範な帰依を得たことは決してなかったのである。

## 貴族社会での名声の高まり

ところが、わが国では文徳書状の誇大な賛辞をもっぱら真に受け、源信称賛が一気に高まった。それまでほとんど関心を示さなかった人びとも、海外で評価されたと聞くと、一様に称賛し始める。今も昔も変らぬ日本社会の姿である。『源信僧都伝』は、文徳書状を要約引用した上、文徳は宋朝の人びとの願いにより、源信画像を求める目的で来航したという話まで加えて、

在朝の公卿大夫、顕密の禅侶、この書状（文徳書状）を披閲して以後、僧都の徳行を欽仰せざるなし。ついに時議あり、木工権少允《こたくみのごんのしょういん》巨勢広貴《こせのひろたか》というものに命ず。当時、画工の一物《いちぶつ》なり。

と記している。朝廷は当時の画工の第一人者巨勢広貴（一一・一七六ページ参照）に源信の画像を描かせ、宋に送ったというのである。

源信画像遣宋の話は、一〇四三年ころ成立の『法華験記』源信伝に、

大唐の皇帝、宣旨を降して、廟堂を建立して影像および往生要集を安置し、大師の号を授けて、恭敬礼拝したまえり。

と記すのが最初である。『源信僧都伝』の巨勢広貴の話は、これに合せて源信没後に生まれたもののようで、史実とは考えられない。しかし朝廷や教団内での源信の名声が、文徳

書状を契機に高まったというのは誤りあるまい。長徳三年（九九七）、中国天台山外《さんがい》派の源清《げんしょう》が送って来た書物に対し、日本天台の碩学に命じて破文（批判の文）を書くことになり、朝廷で人選が行なわれた際、源信は破文執筆者八人の中に選ばれるなど、正暦二年（九九一）の周文徳書状以後、朝廷や教団における学僧源信の名声は確立した。勅によって天皇護持の内供奉十禅師に任じられたのも、おそらく文徳書状を契機とする、こうした名声の高まりを背景としていると考えて、大過ないであろう。

このようにみてくると、『往生要集』完成直後からこれに関心を示し、念仏信仰の指針としようとしたのは、勧学会・二十五三昧会などの念仏結社に関係したごくかぎられた範囲の人びとや、仏教界でも一部の浄土教学者だけだったのではないかと思われる。もともと『往生要集』が、念仏結社を中心とするそうした人びとのために書かれた以上当然ともいえるが、貴族社会や仏教界で源信の名声が高まるのは、早くても『往生要集』完成六年後、中国仏教界の反響が誇大に伝えられてきたころからではあるまいか。そうした源信の名声の高まりの中においても、源信が情熱を込めて説いた『往生要集』の眼目である大乗利他行実践としての念仏の精神が、はたして貴族たちに理解されていたかというと、いささか心もとない。この点については、『往生要集』の後世への影響とともに、つぎに考えることとしよう。

# 地獄の系譜と『往生要集』

## 地獄の恐怖と二十五三昧会

私は、『往生要集』にもっとも早く関心を示し、念仏信仰の指針としようとしたのは、勧学会《かんがくえ》・二十五三昧会《ざんまいえ》など念仏結社にかかわった人びとであったろうとのべた。勧学会から二十五三昧会へという念仏結社の展開自体が、『往生要集』の理念の実践をめざすものだったといえる。そしてその際、かれらを二十五三昧会結成へと向わせた直接の動機は、『往生要集』が記す地獄を始めとする六道苦相の衝撃であった。

寛和二年（九八六）九月以降、源信の参画と指導によって二十五三昧会の規約が整備されていく過程は、保胤《やすたね》の筆を借りた『起請八箇条』や源信自身が筆をとったらしい『起請十二箇条』からうかがえるが、源信参画以前、すなわち『往生要集』に感銘した横川の僧侶たちが自発的に集って念仏法会を行った、結成当初の二十五三昧会の姿を伝えているのが『二十五三昧式』である。

その巻頭の「表白文」は後の人が書いたものというが、そのつぎに、寛和二年五月二十三日付の「発願文」が収められている。これは二十五三昧会発足に際して根本結衆二十五人が連署したもので、二十五三昧会結成の趣旨がのべられている。

それ以《おもんみ》れば、三界はみな苦なり、五蘊《ごうん》は無常なり（六五～六八ページ参照）。苦と無常とたれか厭《いと》わざらんや。しかるに我ら無始よりこのかた、いたずらに生まれいたずらに死して、なおいまだ道心を発さず。また悪趣を免れず。悲しいかな、いずれの時かまさに解脱《げだつ》分の善根を殖えん。そもそも『観無量寿経』を案ずるにいわく、或は衆生ありて五逆十悪を作し、諸の不善を具す。かくのごときの愚人、悪業を以ての故に、まさに悪道に堕ち、多劫を経歴して、苦を受けること窮りなかるべし。（中略）今あい議していわく。我ら契りを合せて互いに善友《ぜんぬ》（善知識。仏道に導いてくれる真の友人）となり、最後臨終まで、あい助け教えて念仏せしめん。すなわち二十五人を点じて以て結衆の数となす。もしこの中において一の病者あらば、結縁の願力によりて日の吉凶を選ばず、その所に往到して問訊《もんじん》し勧誘せん。もしたまたま極楽に往生するものあらば、自らの願力により仏の神力によりて、もしは夢に、もしは覚《うつつ》にも結縁の人に示し、もし悪道に堕ちなば、また以てこれを示さん。またこの結衆より、時どき同心して浄土の業を共にせん。なかんずく毎月十五日の夕、念仏三昧を修し臨終の十念を祈らん。生死涯《かぎ》りあり、あに草露《そうろ》の命を恃《たの》まんや。昇沈不定《ふじょう》なり、よろしく蓮台の迎えを期すべく、まさに勤めて精進し、放逸《ほういつ》を得ることなかれ。

「発願文」後半は、『往生要集』臨終行儀の作法を実践しようというものだが、そこに導かれる前半部分では、六道輪廻《りんね》、堕悪趣の恐怖が率直に示されている。

## 六道講式

つづいて「発願文」にいうところの毎月十五日の念仏法会の作法が詳しくのべられる。この念仏法会の作法は「六道講式」と一般によばれるもので、二十五人の結衆が集《つど》って、まず『阿弥陀経』をよみ、ついで地獄道・餓鬼道・畜生道・修羅道・人道・天道の順に、六道衆生の受苦の文を読んでは、その一段ごとに百八遍の阿弥陀念仏を唱え、これを受苦の衆生に廻向《えこう》して自他ともに仏道を成ぜんと願うのである。最初の地獄道についてみれば、

およそ生死《しょうじ》を流浪して以来《このかた》、六道の間に輪転し、善悪交雑して、報《むくい》を受くること定

まらず。その中に、堪えがたきは地獄の苦、忍び難きは鬼畜の報なり。まず地獄というは、鉄城固く閉じて、熱鉄を地となし、猛火洞燃《みようかとうねん》（すべてを焼き尽す）として四面交徹せり。清涼の風を楽《ねが》えば、火災来りて身を焦し、甘泉の水を求むれば、鑊湯《かくとう》（釜の湯）沸きて自《おのずか》ら肝を壊す。泣けども涙は落ちず、猛火眼を焼くが故に。叫べども声は出でず、鉄丸喉《のど》に満つる故に。極熱叫喚《きようかん》の愁い、黒縄衆合の苦しみ、斫刺磨擣《しやくしまとう》（切り殺し、すり舂《つ》く）の悲しみ、刀山剣樹の歎き、これ瞋恚《しんい》煩悩殺生の由来なり。（中略）願くは、焦熱大焦熱の中、紅蓮《ぐれん》大紅蓮の間、遍照の光明を放ちて、速やかに受苦の衆生を引導したまえ。すなわち有縁無縁を択ばず、一切霊等の出離生死証大菩提のために、弥陀の宝号を唱えたまうべし。念仏百八反。

といったもので、以下各道についても『往生要集』厭離穢土《おんりえど》の六道苦相の該当する文章を要約引用している。この「六道講式」が『往生要集』六道苦相の文を下敷きにするとともに、

この十悪において、上品《じようぼん》に犯すものは地獄道に堕ち、中品に犯すものは餓鬼道に入り、下品に犯すものは畜生道に趣《おもむ》く。三品の罪を止めずんば、たれか三途《さんず》の報を免れんや。しかるに我ら十悪盛んに行う。三途疑いなし。業障もっとも重し、往生なんぞ

易からん。

といった、死後の地獄など三悪道に対する結衆たちの赤裸々な恐怖の念をのべていることは、『往生要集』六道苦相を読んだ際の衝撃が、彼らを臨終念仏実践をめざす二十五三昧会結成へと動かした最大の原動力であったことを物語るであろう。

「発願文」が「今あい議していわく。我ら契りを合せて互いに善友となり、最後臨終まで、あい助け教えて念仏せん。すなわち二十五人を点じて以て結衆の数となす」と記すように、会の臨終念仏実践の目的の上で二十五人と定めた結衆（＝善友）の数は、二十五三昧に通じる重要な意味をもった。前にもふれたが、二十五三昧とは、衆生が三界六道を輪廻して行く状態（有《う》）には、欲界に十四種、色界に七種、無色界に四種あり、これら合せて二十五の世界の煩悩を破断する三昧だという。『大般涅槃経』は、

善男子よ、無垢三昧を得て、能《よ》く地獄の有を壊し、無退三昧を得て、能く畜生の有を壊し、心楽《しんぎょう》三昧を得て、能く餓鬼の有を壊し、歓喜三昧を得て、能く阿修羅の有を壊す。

と説いており、二十五三昧会とは、会の名称において、結衆の数において、講式の内容において、『往生要集』が説く六道苦相に衝撃を受け、悪趣に苦しむ人びととともに輪廻解

脱を願うところに結成された念仏結社であった。

**貞久と地獄の火**

こうして出発した二十五三昧会であったが、やがて源信ら新しい入会者が加わるにつれて会の人数は変化し、源信の指導の下に、当初の『二十五三昧式』に代って、より整備された『八箇条起請』、さらには『十二箇条起請』が制定される。石田瑞麿氏の言葉を借りれば、「根本結衆が考えていたような二十五三昧会から源信の息がかかった二十五三昧会に発展吸収された」(『極楽浄土への誘い』)ということだが、たとえば『往生要集』の臨終行儀によって病人の看護と臨終念仏を定めた『起請』の条文が、

ただに恐る、生前に一善根を修さず。なんの因にか、身後に三悪道を免れん。ああ悲しいかな、なお火宅《かたく》(煩悩と苦に満ちた三界)の心を廻らして、ついに焔王(閻魔王)の手に入らんとす。すべからく黄昏の時ごとに、みな病者の所に行き、あい共に念仏を唱え、その声を聞かしむべし。慇懃にあい催して、極楽に生ぜしむべし。

と、臨終念仏の行儀よりも、その前提となる堕地獄の罪業の身であることとの自覚を切々と記すなど、結衆たちの間には、会結成の原点というべき地獄への恐怖が現実感をもって生き続けていた。それが時として、肝心の臨終念仏の行儀さえ忘れさせるほどであったこと

は、二十五三昧会結成の翌年にあたる永延元年（九八七）正月、まだ二十五歳の若さで病死した根本結衆の一人である貞久の臨終のさまを伝える『二十五三昧結縁過去帳』のつぎのような話からも、うかがうことができるだろう。

病床の貞久が、「地を履《ふ》め、地を履め」と叫ぶので、看病の人びとが理由がわからず尋ねると、「自分のまわりに猛火が充満し、身を焼き尽そうとしているので、履み消してほしい。みんなのまわりも同じだろう」という。「そんなことはない」と看病の結衆たちがいうと、貞久は、「もしそうなら、私は、あの世の生を受けて、もう地獄に堕ちてしまったのか」ともらした。人びとが涙を流し、声を合せて念仏を数十遍となえると、しばらくして貞久は、「だれかが私を火の坑《あな》に追い入れたが、念仏の力で火は消えた。しかし、もう最後で、詳しく話しているひまはない。ただ念仏だけをとなえてくれ」と告げて息絶えたという。

源信はこの数ヵ月前には入会し、念仏指導にあたっていたはずだが、貞久を看病する結衆たちは、『往生要集』臨終行儀で懇切に説かれている、病人の不安を鎮め、善友として念仏をともに称えて浄土へ向わせる「臨終の勧念」など忘れてしまったかのようである。死を前に錯乱する若者を見ては、堕地獄の現実の恐怖が、そこから導かれるはずの臨終念仏まで飲みこんでしまったということであろうか。それはさておき、『往生要集』の地獄の描写が、なぜこれほどまでに現実感をもって読者をとらえたのか、わが国の地獄観の系譜をたどりながら考えてみよう。

## 黄泉国と『霊異記』の地獄

仏教伝来以前の日本人が死者の行く世界をどのように考えていたかを示す例として知られるのは、伊邪那岐命《いざなぎのみこと》が死んだ妻に会おうと訪ねた『古事記』の黄泉国《よもつくに》の話である。黄泉は中国における地下の冥界を意味する語で、黄泉国の描写には、後期古墳の横穴式石室や殯《もがり》の葬制の反映がみられるというが、天上界である高天原の場合同様、葦原中国《あしはらのなかつくに》のこの国土とつながり、歩いて行ける場所であった。黄泉国は、伊邪那岐命が現し身《うつしみ》のままで往復できたように、死後の世界としての純粋性を欠き、仏教の地獄の観念とまったく異なるものだったといえる（家永三郎『日本思想史に於ける否定の論理の発達』）。

六世紀の中ごろ、仏教は朝鮮から伝わったが、「蕃神《あだしくにのかみ》」「今来の神《いまき》」とよばれたように、仏は西の隣国から来た新しい神として理解され、その教えは日本在来の信仰の次元で受容されることが多かった。薬師寺僧景戒《けいかい》が九世紀初めに編纂した『日本国現報善悪霊異記《りょういき》』には、新しい仏教の地獄思想と在来の黄泉国的な観念が混淆した他界観・輪廻観の説話がみられる。

和泉国に仏教の因果の道理を信ぜず、いつも鳥の卵を煮て食べている若者がいた。ところが天平勝宝六年（七五四）の春、見知らぬ兵士が来て、「国の役人のお呼びだ」というので、若者は兵士について行った。麦畠に入ったところ、若者の眼には高さ二尺ほどの麦が真赤な炎に見えて足の踏み場もなくなった。「熱いよ、熱いよ」と泣き叫び畠の中を走りまわる若者を通りかかった村人が畠の外に引き出した。「足が痛い」というので見ると、若者のすねは、肉がとけ爛《ただ》れて骨だけになっていた。若者は事の次第を話して、翌日には死んでしまった。この話を記した景戒は、つぎのように結論する。「誠に知る。地獄の現に在ることを。（中略）善悪因果経に云く、今身《こんじん》に鶏の子を焼き煮る者は、死して灰河地《けがじ》獄《ごく》に堕つというは、それこれを謂うなり」（中の一〇）。

灰河地獄は『善悪因果経』に説く八熱地獄に付属する十六小地獄の一つである（『往生要集』は主に『正法念処経』によっているので灰河地獄にはふれていない）。景戒は「現世で鳥の卵を焼いたり煮たりする者は、死後に灰河地獄に堕ちる」と『善悪因果経』の経文を引用しているが、この説話の灰河地獄はこの世の麦畠の中に現れる。当時の日本人の信仰では、地獄とは死後の世界というよりも現世の延長として理解されていたのであり、それは仏教伝来以前の黄泉国の観念が奈良時代になっても継続していたことをうかがわせる。『現報善悪』という書名自体、この世での行為の結果が、来世ではなく「現報」すなわちこの世における報いとして現れるとの思想を示しているのである。

## 地獄からの蘇生

もちろん『霊異記』の地獄説話の多くは、主人公が死んで地獄に堕ちるのだが、その場合ほとんど例外なく、主人公は許されて現世に蘇生する。そこで地獄は一応死後の世界ではあるが、現世と完全に断絶した世界ではないのである。智光が阿鼻《あび》地獄に堕ちた話も、こうした地獄蘇生譚の例である。

鋤田寺《すきたでら》の僧智光《ちこう》は、智恵第一の学僧として知られたが、聖武天皇が自分をさしおいて行《ぎょう》基《き》を大僧正に任じたと聞いて嫉妬誹謗した。すると智光は重病にかかり、臨終に際して「自分が死んでも九日間は火葬せず、死んだことを他人にもらすな」と弟子に告げて息を引きとった。九日の後、智光は蘇生し、弟子たちに地獄での体験をつぎのように話した。

閻羅王《えんらおう》（閻魔）の使が二人来て、智光を西につれて行く。行く手に金色の楼閣があるので、「あれは何の宮か」と聞くと、閻羅王の使は、「行基菩薩がお生まれになる宮殿だ」という。そこから命じられるまま北に行くと、火もなく日の光もないのに猛烈な熱気である。使者にたずねると「お前を煮るための地獄の熱気だ」という。智光は熱い鉄の柱を抱かされ肉は爛れて骨だけになったが、三日の後、使者が「活きかえれ、活きかえれ」と称えると、またもとの姿になる。つぎに銅の柱を抱かされ、三日の後、同様にして生きかえる。

さらに北に進むと熱気は雲霞のように迫り、空飛ぶ鳥も焼けて落ちてくる。「ここはどこか」とたずねると、使者は「お前を煮るための阿鼻地獄だ」と答える。火に焼かれ釜で煮られること三日、また「活きかえれ、活きかえれ」と使者が称えると、智光はもとの姿になった。そこでもと来た道を帰ることになり、例の金色の楼閣のところに来ると、その門を守っている者が、「お前は行基菩薩を誹謗したので、その罪を滅すため地獄に召されたのだ。行基菩薩は日本の人びとを仏道に導きおえて、間もなくこの宮に生まれられる。お前は黄竈火物《よもつへもの》を決して口にせず、すぐに還れ」といった。そこで使者とともに東に向い、九日を経て還ってきたのである（中の七）。

阿鼻地獄は、大乗仏教を誹謗したものが堕ち、一中劫というほとんど無限の時間、猛火の中で他のすべての地獄の一千倍の苦を受けると『往生要集』は説いている（三九ページ以下参照）。ところが『霊異記』の場合、智光は行基を誹謗して阿鼻地獄に堕ちたのに、わずか九日間、焼かれ煮られただけで罪を滅し、許されて蘇生している。景戒がこの話に「現《うつつ》に閻羅の闕《みかど》に至り、地獄の苦を受くる縁」と題したように、智光は病死の形を借りながら、現世と連続し歩いて行ける阿鼻地獄で、まさに「現報」としての地獄の苦を体験したのである。行基が生ずべき西方浄土もまた阿鼻地獄と同一平面上に位置して歩いて行けるところである。こうした現世と浄土・地獄の関係は、記紀神話における葦原中国と高天原・黄泉国のそれを想起させる。事実智光は、「黄竈火物を決して口にするな」と教えられて蘇生できるのだが、黄竈火物とは黄泉国で煮焚きした食物で、これを食べると黄泉国の者になり再び現世に還れないと記紀神話では説かれている。

この他にも、地獄に堕ちた妻を訪ねた夫に対して閻羅王が、「汝《なんじ》実に罪なし。家に還るべし。然れども、ゆめ黄泉の事を妄りに述べ伝うることなかれ」と告げたとか（上の三〇）、死んで閻羅の国に行き蘇生したものについて「黄泉より甦還《いきかえ》り」「黄泉より還り来り見れば」と記されるなど（下の三五、三七）、『霊異記』に数多い地獄蘇生譚は、死者が赴く世界でありながら生者もそこを訪れ戻ることができるとする黄泉国信仰の仏教的変容であったといえよう。

もともと黄泉国は、現世の罪によって堕ちる世界ではなく、善人悪人の別なくすべての死者が赴く世界であるから、『霊異記』の地獄説話は、永遠の業罰を加えられるとする仏教経典の地獄像からみれば、深刻さが薄い。閻羅王の使の鬼に賂《まいない》をし饗応したことで難を逃れるといった話さえある（中の二四、二五）。

**南都学僧たちの地獄観**

『霊異記』は、南都の教団内においては無名の存在といってよい景戒が、自分の出自や体験から当時の仏教界に対するさまざまの思いを込めて、民間伝承などを採録したり、先行文献を説話化したものである。地獄蘇生譚は、民間における在来信仰の素朴な来世観の反映であろう。これに対して、同じ南都の僧侶でも、高度な学問仏教形成に力あった著名な学僧たちの著述に、地獄はどのように描かれているのだろうか。

この点については、すでに石田瑞麿氏が『極楽浄土への誘い』でふれているが、学僧たちの場合、どの著述も学問的視点からの地獄の解説に終始している。天長七年（八三〇）、勅命によって南都諸宗と天台・真言宗がそれぞれ自宗の教義をまとめて提出した、いわゆる「天長の六本宗書」は、平安初期の諸宗の教学を知る上で便利なので、これによって、景戒とほぼ同時代の南都や天台の学僧たちが地獄をどのようにとらえていたかをみると、まず法相宗の有名な学匠である護命《ごみょう》（七五〇～八三四）が書いた『大乗法相研神章《だいじょうほっそうけんじんしょう》』は、八熱・八寒など地獄の種類をあげて、

この諸《もろ》の地獄は、日月あることなくして甚だ黒闇なり。鑊湯《かくとう》涌沸《ゆふつ》し、（中略）入れば

> 即ち爛《ただ》れ腐《くさ》りて、みな悉く糜《かゆ》となり（どろどろにとけてしまう）、鉄丸・銅洋（とけた銅）、口より入り、よって五臓六腑を鎖《とろか》し、熱銅・火柱、つねに床褥《しょうじょく》となり、身体に触れる時は、すなわちみな燋燃《しょうねん》す。

と、地獄の苦相を簡単にまとめて説明しているだけである。三論宗の玄叡（?～八四〇）の『大乗三論大義鈔』の場合、三論宗の空《くう》の論理を批判するのは仏法に対する不信誹謗で、そのような者は地獄に堕ちると経典に説いているとのべる程度だし、天台宗の義真（七八一～八三三）の『天台法華宗義集』に至っては、地獄についてまったくふれていない。これらの諸書は、宗義の要点を天皇や貴族に説明するのが目的だったためとはいえ、きわめて高度で精緻な教学論を展開する一方で、地獄の問題についてはほとんど関心を示していない。おそらくこれら学僧たちは、地獄の存在を宗学の知識として理解していても、自分自身にとっては無縁の遠い世界としか考えなかったのであろう。

### 末法劣機の自覚と地獄

これら高度な教学を身につけた学匠たちからみれば、僧とは名ばかりの無智無学な景戒が、現報としての地獄の存在を信じ恐れたのは何故だろうか。

それは石田氏も指摘するように、

> 仏涅槃《ねはん》したまいしより以来、延暦六年歳《ほし》の丁卯《ひのとう》に次《やど》れるにおよびて一千七百二十二年

を巡《へ》たり。正像《しょうぞう》の二つを過ぎて、末法《まっぽう》に入れり。（中略）代《としごろ》を観るに、善を修する者は、石峯《いしみね》の花の若《ごと》く（少なく）、悪を作る者は、土山《つちやま》の毛《くさ》にも似たり（多い）。（下の序）

という末法の時代意識の下で、自らを「羊僧《ようそう》（愚かな僧）景戒」とよび、私度僧として妻子を養う現実への痛切な反省、劣機の自覚を有したからである。

ああ恥《はずか》しきかな、やさしきかな。世に生まれて命を活《やしな》い、身を存《ながら》うることに便なし。等流果《とうるか》（因果応報）に引かるるが故に、愛網《あいもう》の業《ごう》を結び、煩悩に纏《まつ》わられて、生死を継ぎ、八方に馳せて生ける身を炬《こが》す。俗家に居て妻子を蓄《たくわ》え、養う物なく、（中略）思い愁えて、わが心安くあらず。（中略）鄙《とひと》なるかな（賤しい）、わが心、微《いや》しきかな、わが行《ぎょう》。

こうした痛切な現実認識、おのれを罪深き劣機の身とする自覚が、地獄の存在を単なる知識としてではなく、おのれにとって身近かな存在としてとらえさせたのである。その意味で、やはり同じ時代に生きた最澄が、東大寺戒壇で受戒しながら自らを「無戒」と反省し、再出発を期して山に入るに際して、

悠々たる三界は純《もは》ら苦にして安きことなく、擾々《じょうじょう》たる四生《ししょう》はただ患《げん》にして楽しから

ず。牟尼《むに》の日久《ひさ》しく隠れて、慈尊の月未だ照らさず。三災の危きに近づきて、五濁《じょく》の深きに没《しず》む。（中略）生ける時、善を作《な》さずんば、死する日、獄《ごく》の薪《たきぎ》とならん。得難くして移り易きは、それ人身なり。発《おこ》し難くして忘れ易《やす》きは、これ善心なり。

と、仏滅後久しく、末法近きにある五濁悪世の現実認識の下で、輪廻無常、堕地獄の恐れの心情を吐露する『願文』を記したのは興味深い。こうした自覚と反省によって生じる地獄観は、それ自体は未熟な内容であっても、現実を「濁世末代」ととらえ、自らを「予が如き頑魯《がんろ》の者」と反省する『往生要集』の地獄観と決して無縁とはいえないだろう。

**仏名会**　しかし『往生要集』に先んじて、平安貴族社会における地獄思想形成に直接影響していたのは、毎年十二月二十日前後の三日間、年末行事として宮中清涼殿《せいりようでん》で行われた仏名会《ぶつみようえ》（お仏名）であろう。

地域集団・共同体の一年間の罪穢れを払い清め、再生としての新しい年を迎える年末儀礼は、大祓《おおはらえ》に代表されるようにわが国の在来信仰で盛んだったが、仏教が広まるにつれて、仏前で罪咎を懺悔し再犯《さいぼん》しないと誓う悔過《けか》の仏事へと姿を変える場合も多かった。すでに奈良時代から宮中ではさまざまの悔過が行なわれ、奈良末から平安初期には、仏名を称え礼拝すれば「地獄の苦に堕ちず」という方広《ほうこう》悔過が年末に行なわれるようになった。

こうした流れの中で、承和五年（八三八）ころから恒例化した仏名会は、『三宝絵《さんぼうえ》詞《ことば》』などによれば、律師静安《じょうあん》が仁明天皇に勧めた内容を後に具体化したもので、『仏名経』の教えに則り、三世三劫すなわち過去・現在・未来にわたる一切の仏である一万三千の仏を描いた曼荼羅《まんだら》を本尊として会場正面（北壁）にかけ、一心に仏名を称えて罪業消滅を願うのである。『三宝絵詞』は、

> 『仏名経』にのたまはく、もしこの三世三劫の諸仏の名をききて、或《あ》るはよくかきうつし、或るは仏の形をかき、或るは香花《こうげ》伎楽を供養して、心をいたして礼拝したてまつらば、その功徳無量なり。在々所々常に三宝に値遇《ちぐ》したてまつる。八難（地獄・餓鬼・畜生の三悪道はじめ、仏道修行が困難な八つの状態）に堕ちず。もし拝む時には、心に念《おも》ひ口に称へて、「我れ今諸仏を拝みたてまつる。願はくは、三途《さんず》の闇《やみ》を息《やす》め、国ゆたかに民やすくして、邪見の人に善根を発《おこ》さしめ、願はくは衆生と共に無量寿仏の国（極楽）に生れむ」と思へとの給へり。

と、仏名会の背景となった『仏名経』の教えの要旨を記している。

## 地獄屏風

『三宝絵詞』をみるならば、仏名会で平安貴族たちが一万三千仏に願ったのは、罪業消滅により地獄など三悪道に堕ちず極楽往生したいというもの

であった。この願いをうらづけるかのように、本尊一万三千仏の反対側（南縁）には地獄屏風《びょうぶ》を立てる習しとなっていた。当初から地獄屏風が用いられたかは不明だが、寛平二年（八九〇）撰述の『蔵人式《くろうどしき》』に仏名会地獄屏風の記載が見えるから、それ以前に遡るのは確実である。

大串純夫氏は、『雲図抄』の仏名会の図に「地獄変の御屏風七帖を以て七ケ間《ま》に立てるなり」と記されているから、幅十メートル近い大画面だったろうと推定している。この大画面にどのような地獄の光景が描かれていたのか詳しいことはわからないが、家永三郎氏が地獄屏風の絵の様子を具体的に示すものとしてあげる史料をみると、『古今著聞集《ここんちょもんじゅう》』に源信と同世代の巨勢弘高（一五六ページ参照）が「楼の上より桙《ほこ》をさしおろして人を刺したる鬼」の姿を地獄屏風に描いたという話があり、やはり源信と同世代の和泉式部が、『金葉集』に、

　地獄絵につるぎのえだに人のつらぬかれたるをみてよめる
　あさましや　つるぎのえだのたわむまで　いかなるつみのなれるなるらん

と、衆合《しゅごう》地獄の刀葉の木に登る罪人の姿を詠んだらしい歌を残していることから、その一端がうかがえる。

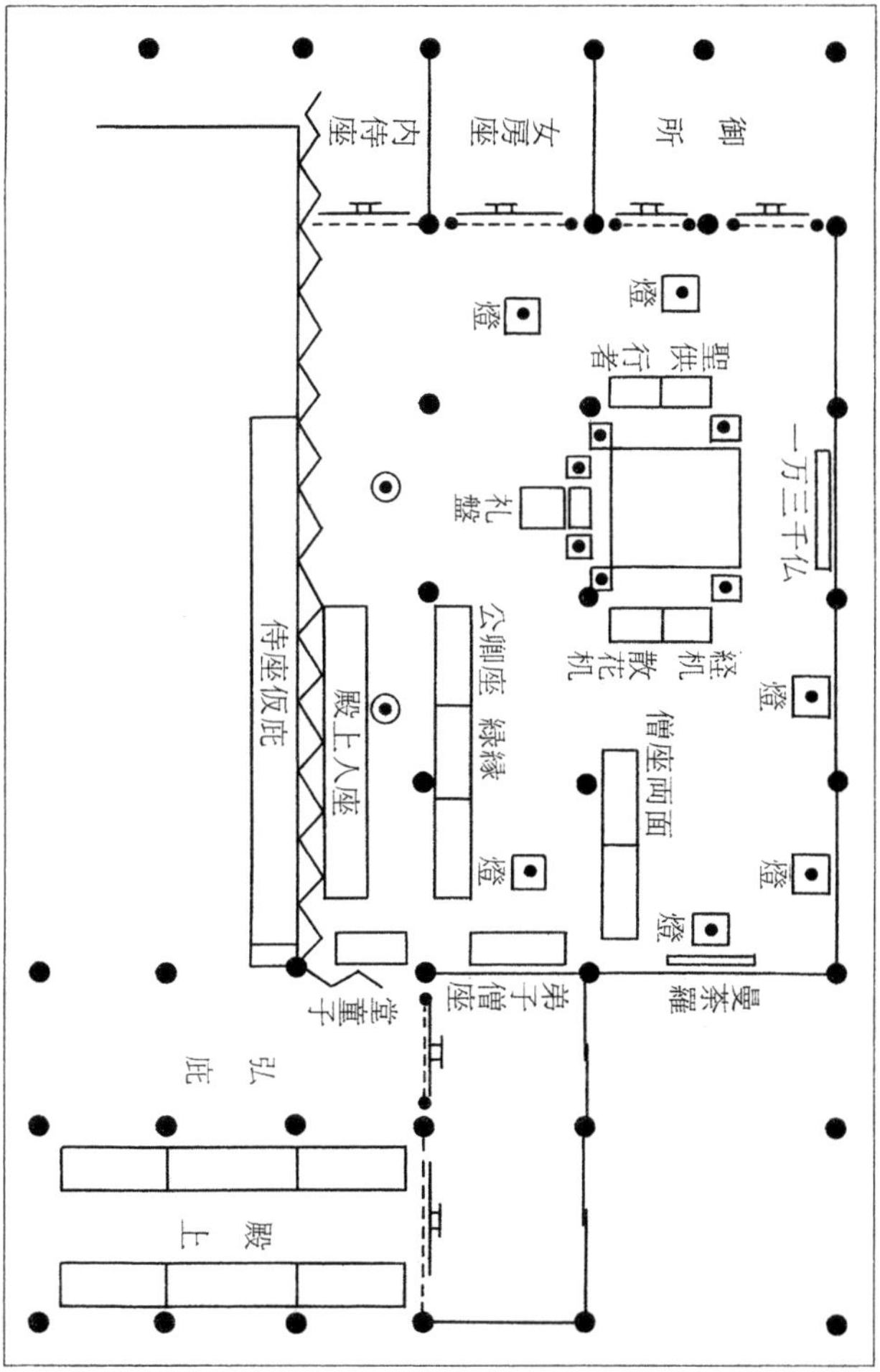


仏名会における地獄屏風の位置（大串純夫『来迎芸術』より）

清少納言の『枕草子』に、

御仏名のまたの日、地獄絵の屏風とりわたして、宮に御覧ぜさせ奉らせ給ふ。ゆゆしう、いみじきことかぎりなし。「これ見よ、見よ」とおほせらるれど、「さらに見侍らじ」とて、ゆゆしさにうへや（御座所に近い局《つぼね》）にかくれふしぬ。

という有名な一節がある。正暦四、五年（九九三、四）ころの仏名会と思われるが、皇后定子《さたこ》に地獄絵の屏風を「見よ、見よ」といわれた清少納言が、正視することができずに逃げかくれた体験を記したもので、地獄屏風の絵は女性にとって目をそむけたいような残酷なものだったのだろう。仏名会に参会した貴族たちは、ほのぐらい燈火にゆらめき背後に迫る地獄屏風の受苦相の数かずに戦慄《せんりつ》し、正面の本尊の一万三千仏に向って一心に仏名を称えて一年間の罪業消滅を願ったのである。

**平安貴族と地獄屏風**

ところで、こうした清少納言や和泉式部の態度から、地獄屏風に接した平安貴族たちの心理をどのように評価するかをめぐって、家永三郎氏と和歌森太郎氏の間で、かつて論争が行なわれた。家永氏は、仏名会に地獄屏風が立てられたのは、受苦の罪人たちの醜悪な姿を凝視することにより罪障の自覚を深めようとするものだったが、現世的悦楽に強く執着し栄華の生活に耽溺していた平安貴族・知識人たちにとって、こうした題材に真剣に直面することは困難であり、清少納言のように、その外形に対する嫌悪のために眼をそむけるか、そうでなければ和泉式部のように軽い遊戯的態度で見すごすか、いずれにしても地獄屏風のもつ精神的意義と平安貴族の生活の間には、越えがたい溝があったと推論した（「地獄変と六道絵」『上代仏教思想史研究』）。これに対して和歌森氏は、まともに見まいとするのは、自分の心にとがめるものがあるからで、平安貴族の現世的悦楽主義が著しければ著しいだけ、現世的活動への意欲が強ければ強いだけ、良心呵責の度は進んだというべきであり、地獄屏風の素材があまりに強く貴族たちの心にふれたゆえ直視が避けられたのだ、と家永氏を批判した（「仏名会の成立」『修験道史研究』）。

清少納言や和泉式部の心理をどのように読みとるかは、人によって解釈の分かれるところだと思うが、その後、広く史料を吟味した井上光貞氏が、貴族社会に関するかぎり、家永氏の見解が支持されると結論したのは興味深い（『日本浄土教成立史の研究』）。ようは、残酷醜悪な地獄受苦の絵に平安貴族たちが接するとき、それをはたして自分自身の受苦の姿として受けとめていたか、仏名会で罪業消滅を願うとき、自分自身を堕地獄の罪業ある身と自覚して祈っていたかということであろう。こうした仏名会と平安貴族の地獄意識のかかわりを、菅原道真の場合を例に考えてみよう。

**菅原道真と仏名会**

年末行事としての仏名会は、宮中だけでなく、一万三千仏の曼荼羅を諸国に下し、国庁においても行なうよう定められていた。文人貴族として政界に活躍した菅原道真は、仁和二年（八八六）から四年間、都を離れて讃岐守となったが、仁和四年（八八八）十二月、下僚を率い国分寺の僧たちを招き、讃岐国府庁で仏名会を修した。『菅家文草』巻四に収める「懺悔会作」は、これを詠じたものである。

一切衆生、煩悩の身、
哀《めぐ》みを求め懺悔して能仁《のうにん》（釈迦）を仰ぐ

で始まるこの長詩は、仁明朝に遡る仏名会の由来や行事にふれた後、つぎのように詠じている。

帰依す一万三千仏
哀愍《あいみん》す二十八万人（讃岐国内の人々）
辺地の生《しょうじょう》　生は常に下賤《げせん》なり
未来の世世もまた単貧《たんぴん》ならん
宿業《すくごう》に由《よ》りてみな此《かく》の如くなるのみに非ず

また当時さらに因《いん》を結ばんや
无量无辺《むりょうむへん》いづれの処よりか起る
自身自口《じこう》この中に臻《いた》れり
課税より逋逃《ほとう》すれば冥司録《しる》さん
公私を欺詐《きさ》すれば獄卒瞋《いか》らん
漁叟《ぎょそう》の暗に傷《きずつ》くるも昔の兄弟
猟師の好みて殺せるも旧《もと》の君親
風《ふう》に在りて濫訴《らんそ》すれば犂《からすき》なして耕す舌《した》
俗に習ひて狂言すれば湯もて爛《ただら》す脣《くちびる》
遠教万方《えんきょうまんぽう》罪まづ現る
乖和一夕《かいかいっせき》苦しみあひ遵《したが》ふ
肉《しし》は飛ぶ羅刹鬼前《らせつきぜん》の刃《やいば》に
骨は赴く泥梨鼎下《ないりていか》の薪《たきぎ》に
疑惑愚癡にして暁悟《ぎょうご》なし
暁悟なしといへども精懃せしめまく欲す

　慙《は》づべし慙づべし誰かよく勧むる
　　菩薩の弟子　菅道真《かんどうしん》

　都から赴任した知識人道真の眼に、讃岐国に生きる二十八万の民衆は、粗野卑賤で度《ど》しがたい辺境の衆生としか映らなかった。かれらは前世の宿業でこのようにみじめな生活を送っているというのに、それを自覚せず、さらに現世で悪因を積み重ねている。課税を逃れようと詐り逃亡すれば、冥官獄卒の怒りをかい、漁業狩猟の営みが畜生道に輪廻する肉身を害する罪とも知らず、濫《みだ》りに訴え詐《いつわ》りをのべれば地獄で舌を引かれ口に熱湯をそそがれるとも知らぬ。これらの罪の現れるところ、かれらは必ずや地獄に堕ち、鬼卒の刃に切り割かれ、地獄の釜の薪となる。悟ることなき愚民たちだが、なんとか精進勤行に向わせてやりたい。懺悔せよ、懺悔せよ、と呼びかけ勧化しているものこそ、菩薩の代理人、この私、菅原道真なのだ。

　ここには、当時の貴族階級に共通する徹底した愚民観がうかがえる。仏名会で罪を懺悔すべきは、なぜ底辺に生きるかを自覚せぬまま罪を重ねる愚民ども。天皇の命を奉じて、かれらを治め導く道真にとって、仏名会はかかる愚民たちを目ざめさせる好機であり、菩薩の代理を自任する身にとって、地獄で罪科に苦しむ人びとの醜悪な姿など無縁の存在であったろう。

**菅原道真の地獄**

しかし、こうした道真の地獄観は、都に還って栄進を重ねながら、延喜元年（九〇一）、藤原氏の陰謀によって右大臣から一転して大宰権帥《だざいのごんのそち》に左遷されるとともに、大きく変った。延喜元年十二月、仏名会前後のころの暁、はるかに寺の鐘を聞いて詠んだ詩が『菅家後集』に収められている。

識《し》らまく欲《ほ》りすれば鐘を撾《う》ちて五更《ごこう》（午前四時）を報《つ》ぐ
三塗八難《さんずはちなん》一時に驚く
大いに奇しぶ春夏秋冬尽きても
我が為には終《つい》に抜苦の声なきことを

仏名会の暁の勤行《ごんぎょう》の鐘の音は、仏法至り難い地獄など三塗八難（一七五ページ参照）の暗黒の世界の涯まで響いて、迷える衆生を目ざめさせるというが、まことであろうか。すべての人びとは、仏名会で一年間の罪を消滅させるというのに、なぜ私だけには、一年過ぎても仏の救いの声が届かないのだろう。

同じく大宰府庁で行なわれている仏名会の礼仏の声を、はるかに配所で聞きながら詠んだ詩。

人は地獄幽冥の理《ことわり》に慚《は》づ
我は天涯放逐《てんがいほうちく》の辜《つみ》に泣く
仏号はるかに聞けども知ることを得ず
発心《ほっしん》し北に向《むか》ひてただ南無といふのみ

仏名会に集う人びとは、罪を犯せば地獄に堕ちる理《ことわり》を地獄屛風に見て懺悔する。しかし私は、無実の罪でこの西の涯に追放されて泣いている。仏名会で一万三千仏に祈る声が配所に聞えてくるが、遠すぎて一つ一つの仏の名まではわからない。私は発心（発菩提心《ほつぼだいしん》）して、仏名会が行なわれている北の府庁の方を望み、はるかに聞える声に合せて、ただ「南無」と称えるばかりである。

国守のわれをおいて人なしと自負していた讃岐の仏名会で、道真にとって地獄は無縁な世界であった。しかし大宰府配流とともに、地獄はもっとも身近かな存在となる。仏名会で人びとは死後の地獄を恐れて罪を懺悔しているが、自分は無実の罪で生きながら地獄に堕ちているのだ。帰京の望み絶えた配所の生活にこの世の地獄を見たとき、道真は、はじめて発心して、仏の救済を願う心境に到達したのである。

地獄受苦の絵に接し、罪業消滅を願う法会に参加したからといって、必ずしも厭離穢土・欣求浄土の願いが起こるわけではない。おのれの足下に地獄を実感し、おのれの中に堕地獄の罪業を自覚して、はじめて「発心」することとは、菅原道真の場合がよく示している。仏名会や地獄絵は、人びとを発心に向わせる上で、あくまで一つの契機にすぎない。贈僧正尊意《そんい》（八六六〜九四〇）が十一歳の時、京都鴨河東の吉田寺に参詣し、仏像の画壁に描かれた地獄画の罪人受苦の相を見て発心し、遊楽の心を捨てて仏門に入った話は、当時の京都の寺院に地獄絵が描かれ参詣者に絵説きの説法が行なわれていたことを示す史料としても興味深いが、地獄絵に接した参詣者が数ある中で尊意がこれによって発心したのは、少年尊意の心に地獄絵と感応する何かが芽生えていたからである。その意味で、宮中仏名会を単なる年中行事の一つとして参加するだけだった多くの平安貴族と地獄屛風の間に、家永氏が指摘するような越えがたい溝が存在したとしても不思議ではない。

## 地獄に堕ちた天皇と将門

源信が生まれたのは天慶五年（九四二）、平将門の乱の余燼さめやらぬ一方、都では関白藤原忠平の執政の下に藤原北家の専権が確立し、王朝文化が爛熟期を迎えようとする時代であった。そうした社会において、生前の行為により死後地獄に堕ちる例として、どのような人物が具体的に考えられていたであろうか。

天慶四年（九四一）八月、吉野金峯山《きんぷせん》で修行中に失神した僧道賢《どうけん》は、十三日間にわたる冥途の旅の後に蘇生した。道賢は、「意見封事十二箇条」などで知られ、道真に大臣を辞して隠遁するよう勧めたともいわれる文人貴族三善清行《みよしきよゆき》の子で、蘇生の後に日蔵《にちぞう》と改名するが、その異常な地獄での見聞を『道賢上人冥途記』としてまとめて評判になった。

それによると失神した道賢は、執金剛神《しっこんごうじん》の化身の僧に導かれて蔵王《ざおう》菩薩に会い、冥府六道をめぐったが、そこで今は太政威徳天神《だじょういとくてんじん》とよばれる菅原道真と問答し、地獄の鉄窟で灰燼の姿となった醍醐天皇と三人の廷臣をみた。醍醐天皇が語るには、道真は宿世の福力によって大威徳天となったが、自分は父宇多天皇の意に背き、罪なき道真を流し、道真の怨魂がさまざまの災異をもたらして人びとを苦しめる原因となった。その結果、たえまない苦を受けている。地上に帰ったならば、自分の救済のための祈禱法会をするよう、朱雀天皇と藤原忠平に伝えてほしい。この伝言を託された後、道賢は帰り道を教えられて蘇生したという。

この『道賢上人冥途記』と同じころに成立した『将門記《しょうもんき》』は、関東で平将門に近い立場にあったものの記録をもとに、文人的教養のある貴族か僧侶がまとめたらしいが、その記述は、今は三界の国、六道の都、五趣の郷、八難の村に住んでいるという将門の亡魂が、巫者に託したつぎのような内容の言葉で終っている。

私は在世の時に一善も修さず、この業報によって悪趣を廻《めぐ》っている。多くの者を従えて悪業を造り、報いを受ける日には一人で罪を蒙り、身を地獄の剣林に割かれ鉄囲《てっち》の猛火に焼かれ、その苦しみはたとえようもない。ただ一月《ひとつき》の内にほんの一時《ひととき》、地獄の業苦に休みがある。獄吏に聞けば、私が在世の時に誓願書写した『金光明経』一部の助けである。俗界の十二年をもって一年に数える冥界の暦で七年余、すなわち日本国の暦で九十二年目に、この本願によって地獄の苦を脱《のが》れられるだろうという。現世に生きる友よ、他人のために慈悲の心をなし作善《さぜん》に努めよ。殺生を避け、仏僧に供養せよ。

皇位をうかがって地獄に堕ちた貴族として、源融《みなもとのとおる》（八二二〜八九五）の話も有名である。嵯峨天皇皇子で左大臣まで昇進しながら、皇位を望んで果たせなかった源融は、重罪の身として悪趣に堕ち、日に三度、剣林に身を置き鉄杵《てつしょ》に骨を砕かれるなどの苦を受けていると、延長四年（九二六）六月、宮人に託宣した。『本朝文粋』に収める諷誦文《ふじゅもん》によれば、これを悲しんだ宇多法皇は、七ヵ寺において追善の法会を設けたという。

父宇多帝の意に反し、道真を無実の罪で配流し地獄の苦しみを味あわせた醍醐天皇。皇位に就こうとの過分の望みを抱いた源融。新皇と称して闘乱と殺生を重ねた平将門。十善の君である天皇でも、位人臣を極めた上流貴族でも、武将としてすぐれた資質を備えた英雄でも、現世で大きな罪を犯せば地獄に堕ちる。換言すれば、当時の社会で信じられた地獄に堕ちるべき人物とは、このようにきわだって個性的な造悪不善をなしたものであり、それはこの世に災をもたらすと信じられた御霊《ごりょう》と一面で通じあう性格といえる。しかも地獄での受苦の期間は、将門の託宣にあるようにかぎられた年数であり、醍醐天皇が伝言し、宇多法皇が源融の追善法会を設けたように、縁者が現世で営む追善仏事によって救済することも可能と考えられていたのである。

　こうしたわが国における地獄観の系譜をたどってみると、『往生要集』の地獄に関する記述の従来にない特色と、それが読者に与えたであろう衝撃の大きさを理解できる。

## 『往生要集』の地獄観の特色

　まず第一に、従来は漠然と理解されていた多様な地獄の存在形態を、源信は関連経典の要文を巧みに引用配列することで、八大地獄を中心に整然と体系化して読者に示した。『日本霊異記』説話に出てくる灰河地獄、阿鼻地獄、地獄屏風が描く衆合地獄の刀葉の林を題材としたらしい和泉式部の和歌、源融追善の諷誦文に記す剣林や鉄杵、『将門記』にみえる等活地獄刀輪処の刀林や無間地獄の鉄囲など、さまざまの大地獄や別処の名、そこでの受苦の相は、当時かなり広く知られていたようだが、そこには相互の脈絡がないまま、地獄の苦しみとして一括して考えられていた。

もちろん地獄の名称だけなら、すでにふれた南都の学匠たちも一応列記しているし、源信の師である良源の『極楽浄土九品往生義』は天台浄土教学の書でありながら南都学団の流れを受けて、八寒・八熱地獄の名とそれぞれの名の由来を、例えば、

> かの有情、種々の斫《しやく》刺《し》磨《ま》擣《とう》（切り殺し、すり舂《つ》く）に遭《あ》うといえども、かれ暫《しばら》く涼風に遭えば、吹かれて尋《つ》いで蘇えること本のごとし。前に等しく活《い》くる所の故に、等活の名を立つ。

のように、かなり詳しく説明している。しかし『往生要集』の場合は、それぞれの地獄の位置、広さ、罪人が苦しみを受ける期間などについて、具体的な数字をあげて記しており、それは受苦の諸相の迫真的な描写とあいまって、不思議な現実感で読者をとらえる。ことに源信が重視したと思われるのは、地獄に堕ちる罪人が犯した罪の内容であり、八大地獄や多数の別処には、受苦の諸相に対応する現世で犯した罪の数々が具体的に記されている。

それは決して、醍醐天皇や平将門が犯したような大罪ばかりではない。謗法・殺生などの罪と並んで、邪婬や盗み、酒を飲んだ者、飲んで他人に戯れはずかしめた者、嘘つき・

不誠実な行ない、さては鳥や獣を猟し、食したものも含まれる。これを読んで自分の過去をふりかえる時、地獄に連なる罪に思いあたる人は少なくないだろう。しかも地獄での受苦の期間は想像を絶して永く、「妻子・兄弟らの親眷も救うあたわず」と、現世での追善による救済の望みもない。読者の恐怖の念は、

三品の罪を止めずんば、たれか三途《さんず》の報を免れんや。しかるに我ら十悪盛んに行なう。三途疑いなし。業障もっとも重し、往生なんぞ易からん。

ただに恐る、生前に一善根を修さず、なんの因にか、身後に三悪道を免れん。ああ悲しいかな、なお火宅の心を廻らして、ついに焔王の手に入らんとす。

など、二十五三昧会結衆たちの式や起請の文章からもうかがえる。

**業は願によりて転ず**

しかし、くりかえしのべたように、『往生要集』巻頭の地獄受苦の記述の真の目的は、いたずらに地獄の業に対する恐怖の念を読者に植えつけるだけではなく、ここから厭離穢土の精神を育み、欣求浄土の願《がん》と行《ぎょう》に読者を導くことにある。

地獄に堕ちた罪人を獄卒が、

異人の作れる悪もて、異人、苦の報を受くるにあらず。自業自得《じごうじとく》の果《か》なり。衆生皆か

くの如し。

と責めるように、因果の道理の貫徹するところ、地獄に堕ちて苦を受けるのは、偶然や他人のせいではなく、衆生個々の自業自得果である。まことに、「〔地獄の〕火の〔罪人を〕焼くは、これ焼くにあらず、悪業すなわちこれ焼くなり。火の焼くは則ち滅すべし、業の焼くは滅すべからず」と獄卒が説くとおりである。このように地獄の苦が個々人の「自業自得果」である以上、地獄に堕ちぬためには、まずその因となる罪業を犯さぬように心がけるべきである。源信が『往生要集』の地獄の苦相の記述に際し、そこに堕ちる因となる罪業を一つ一つ具体的に記したのは、これによって人びとが三業《さんごう》（身《しん》・口《く》・意《い》の三つのはたらき）を慎み、地獄に堕ちる悪業を造らぬようにと願ってのことである。

しかし、すでに悪業を造ってしまった人はどうなるのか、また、三業を慎み不善を行なわないという消極的な行為だけで、輪廻の苦を脱して浄土に往生することはできるのか。そこで源信は、無限の輪廻の中で得がたき人身を得、遇いがたき仏法に遇う機会を得た今こそ、浄土に生まれたいとの願いを発して仏道修行に積極的に努めよと説く。

当《まさ》に知るべし、苦海を離れて浄土に往生すべきは、ただ今生《こんじょう》のみにあることを。しかるに我ら、頭には霜雪を戴き、心俗塵《ぞくじん》に染《そ》みて、一生は尽くといえども希望は尽きず。遂に白日の下を辞して、独り黄泉の底に入らんとする時、多百踰繕那《たひやくゆぜんな》の洞然《とうねん》（燃）たる（数百由旬のすべてを焼き尽す）猛火《みようか》の中に堕ちて、天に呼ばわり地を扣《たた》くといえども、更に何の益かあらんや。願わくはもろもろの行者、疾《と》く厭離の心を生じて、速かに出要《しゆつよう》の路《みち》に随え。宝の山に入りて手を空しくして帰ることなかれ。（大文第一「厭離穢土」、惣じて厭相を結ぶ）

出要の路、生死の迷いを離れるために必要な修行とは、いうまでもなく往生の業を積むことであり、その根本は「正修念仏（正しく念仏を行うこと）」である。

往生の業《ごう》には念仏を本となす。その念仏の心は、必ずすべからく理（理観としての観想念仏）の如くすべし。

こうして源信は、すでに悪業をなしたものといえども、念仏行《ぎよう》ことに臨終念仏によって地獄に堕ちず浄土に往生できると説く。

かの一生に悪業を作れるもの、臨終に善友《ぜんぬ》に遭い、わずかに十たび念仏して、すなわち往生することを得。かくの如き等の類、多くはこれ前世に、浄土を欣求してかの仏を念ぜし者の、宿善《しゆくぜん》内に熟して今開発するのみ。（中略）問う、（中略）もし宿善に依らば、十念生《じゆうねんしよう》の本願（十念で往生できるとの弥陀の本願）は即ち有名無実ならん。答う。たとい宿善ありとも、もし十念することなくば、定《さだ》んで無間《むけん》に堕ち、苦を受くること窮りなからん。明《あきら》けし、臨終の十念は、これ往生の勝縁なり。（大文第十「問答料簡」往生の階位）

地獄に堕ちるべき悪業をなしたものも、臨終に善友に会い、十念して往生をとげる。それは前世の宿善が善知識に会い十念を成就したことによって開発された結果と考えられるが、逆に、宿善があったとしても臨終の十念に励まなければ、彼は現世の悪業によって無間地獄に堕ちる。言葉を換えれば、地獄に堕つべき悪業を作ってしまった人といえども、仏道にめざめ、浄土を願い、臨終念仏を成就するならば、浄土に往生できるのである。源信は、「往生の業《ごう》には念仏を本となす」と説いた後に、「業は願《がん》に由りて転ず（行為というものは、行なおうと願うことによって行なわれるようになる）。故に願のままに往生すというなり」として、つぎのように結論する。

三業を正しく護るということは、消極的に不善を制止することであり、仏を心に念じつつ、その名を称えるということは、積極的に善を行なうことである。覚りを得たいと願う心（発菩提心）と極楽に生まれたいという願いとは、この二つの行為を助けるものである。だからこの二つの行為が、浄土に生まれるために特に必要なことなのである。

## 祥連と臨終念仏

『往生要集』を読んで六道輪廻、地獄の苦相に衝撃を受けた人びとが二十五三昧会という念仏結社結成に向った大きな理由は、地獄に堕ちるべき悪業の人も、前記の願と行により、善友に会い臨終の十念を通じて宿善を開発し浄土往生できるという、源信の主張に共鳴したからである。そうした結衆たちの心情の一端は、六十四歳の高齢で結衆に加わり、会発足の翌年正月に死去した祥連《しょうれん》を通じてうかがえる。

『二十五三昧結縁過去帳』によれば、祥連は、さしたる学問もなく、道心ありとも見えぬ人物だったが、ひそかに往生の願を発し、一心に念仏していた。当初、根本結衆予定者に入っていなかったが、「祥連、善人にあらずといえども、いささか思うところあり、結衆に預らんと欲す。請う、慈悲を垂れたまえ」と頼みこんで、結衆の列に加わることができた。感激した祥連は、「われ愚暗なりといえども、久しく念仏を修す。ただ臨終に善友に値《あ》わざるを恐れしに、幸いにしてこのことあり。深く随喜すべし。ただこれ祥連の宿善の感ずるところなり」と称し、熱心に会の役をつとめた。祥連が病に伏すと、結衆たちが交替で昼夜看病し念仏を勧めること、みな慇懃《いんぎん》である。歓喜した祥連は、「年来浄土を欣求し、いま善知識に遇う。〔往生は〕決定《けつじょう》疑いなし。必ず本意をとげん」と臨終正念して没し、結衆の夢に現れて往生の由を告げたという。

善業とは無縁だが往生の願あった祥連は、おそらく『往生要集』の、悪業の人も善友に会い臨終十念によって宿業を開発し、地獄に堕ちず往生できるとのくだりに廻り合って開眼し、念仏結社二十五三昧会を通じて年来の願いをとげたのである。そして、すでにのべたように、二十五三昧会発足時の「発願文」が、六道輪廻・堕地獄への赤裸々な恐怖を記すとともに、悪業の身ながら互いに善友となって臨終まで念仏に励もうと願っていることは（一六〇ページ参照）、祥連の思いが新たな念仏結社結成を志した人びとに共通する思いであったことを示している。地獄の猛火の幻覚に錯乱した貞久のような例もあったとはいえ、二十五三昧会は、『往生要集』巻頭の地獄の苦相の衝撃から、自分たちをそこに堕つべき悪業の人と自覚し、たがいに善友として臨終十念に励み宿善を開発して浄土に往生しようと願う人びとの念仏結社であり、それは源信の『往生要集』における地獄描写の意図に応えるものだった。『往生要集』の完成が、旧来の勧学会に代る新たな念仏結社二十五三昧会を生んだ直接の動機は、ここに求められるであろう。

ところで臨終念仏といえば、法成寺《ほうじょうじ》御堂《みどう》における藤原道長の最後の行儀も、『栄花物語』が「すべて臨終念仏おぼし続けさせ給」と記すように、『往生要集』を指針とした臨終念仏であった。

### 藤原道長の臨終念仏

『栄花物語』などによれば、道長は御堂の本尊である丈六九体《くたい》の阿弥陀像と向きあって北枕西向に臥し、阿弥陀像の手から引いた村濃《むらご》染めの糸の端をにぎり、枕もとにつめかけた僧俗が称える念仏に包まれて息絶えた。それはいかにも一代の権力者にふさわしい最後として語り伝えられたが、基本的には『往生要集』が記す「臨終の行儀」に従ったまでである。すなわち死の近づいた人に対する周囲の心得として、祇園精舎の無常院の例にならって病人を西向きにし、仏像の手の五色の糸をにぎらせて病人の不安をやわらげ、仏に従って浄土に行く思いをいだかせる。そして同行者《どうぎょうしゃ》たちが枕辺に集って、悪業の人も往生をとげるという臨終の十念を成就させるのである。『二十五三昧起請』でも、往生院とよぶ阿弥陀如来を安置した草庵を建て、『往生要集』に記すとおりの臨終念仏を行なうよう定めている。ただ往生院が、臨終の病人の不安をやわらげ浄土へ送るための簡素な「草庵」であったのに対し、道長の建てた法成寺阿弥陀堂（御堂）は、『栄花物語』が「御堂のけだかうもの〳〵しき、極楽にたがふ所なげなり」「浄土はかくこそはと見えたり」と讃えるとともに、「阿弥陀堂に参りたれば、……かの往生要集の文を思ひ出づ」として大文第二「欣求浄土」の文を引用しているように、『往生要集』の極楽の描写にもとづいて「浄土変相の立体的表現を目標」としたものであった（家永三郎「法成寺の創建」『上代仏教思想史研究』）。

前述のように『往生要集』遣宋にともなう中国仏教界の反響が誇大に伝わった後、上流貴族たちの間で源信の名声は高まるが、それは必ずしも『往生要集』の厭離穢土・欣求浄土の内容に対する共鳴によるものではない。そうした中にあって藤原道長は、もっとも早くから『往生要集』を愛読した上流貴族と考えられる。四十代になるまで源信の存在すらほとんど無関心だったような道長が、なぜ晩年には『往生要集』の愛読者となり、信仰生活の指針をそこに求めるようになったのか。

摂関期上流貴族の典型というべき藤原道長の信仰を考える場合注意しなければならぬのは、臨終の場とした阿弥陀堂は彼が建立した法成寺という大寺院を構成する一つの堂宇にすぎなかった点である。法成寺は池を中心として多くの堂宇が配置されていたが、その主な建物だけみても、池の正面、伽藍の中央の金堂には三丈二尺の大日如来、その東隣の五大堂には二丈の不動を中心とする五大明王、池をはさんで西の阿弥陀堂に対する東の薬師堂には、丈六の七仏薬師・六観音など、家門の繁栄や調伏・息災はじめさまざまの現世の願いをかなえる密教の諸尊が立ち並んでいた。

『往生要集』の写本を藤原行成に作らせた数年後の寛弘八年(一〇一一)、道長は土御門殿で金色等身の阿弥陀像を供養したが、大江匡衡《まさひら》の願文を「現世の願いばかり書いていて自分の本意ではない」と書き改めさせた。『御堂関白記《みどうかんぱくき》』によれば、「今年は特に忌み慎むべき年なので現世の祈禱を多く行なってきたが、この度の阿弥陀像供養は後生《ごしょう》の往生極楽のためであるから」というのである。やはり『御堂関白記』には、「現世と後世《ごぜ》の願い満足なり」という記載もあり、法成寺の構成に現れているように、彼の信仰では現世と来世の信仰が切り離せぬ関係で両立しており、道長はその時々の健康状態などによって、この二つの間をゆれ動いていたとみることもできる。

源信が没した寛仁元年(一〇一七)、道長は太政大臣となり、翌年には一家に三后を立てて「望月の欠けたることもなし」と豪語したが、この年の夏ころから病に苦しむことが多くなった。当時、上流貴族の病気の原因は、失脚した政敵の怨霊がとりついたためと考えられただけに、その恐怖は大きく、密教の験者による調伏の修法が行なわれるのが常だった。道長も五大明王を本尊とする五壇法を修して小康を得たが、翌年春には病状悪化し、

「この度は限りなめれ」と覚悟するほどになった。出家して行観《ぎょうかん》と号した道長は、土御門殿の東に御堂《みどう》を建てて静かに住みたいと願うようになり、念誦《ねんじゅ》の間を設けた無量寿院（阿弥陀堂）が寛仁四年（一〇二〇）に完成するのである。

ところが御堂建立後の道長は、一時健康が回復するとともに、来世の浄土往生を念じる阿弥陀堂に加えて、現世の祈りを行なう堂宇も建立しようと考えるようになった。こうして治安二年（一〇二二）、伽藍の中心となる金堂と五大堂を建てて法成《ほうじょう》寺《じ》と寺号を定め、翌年には薬師堂が完成して、池を囲む形の大伽藍がその偉容を現した。金堂に安置され伽藍全体の本尊の位置を占める大日如来は密教の教主であり、法成寺の全体的基調が密教にあったことを示している。この大伽藍建立で密教による「男女子孫氏族の繁昌」を願った道長は、その実現のため、七仏薬師に七道諸国の除災、六観音に六道衆生の抜苦、五大明王に家門に怨をなす怨霊の調伏をそれぞれ期待したのである。

しかし道長の期待はうらぎられ、彼の外戚の座を支える娘たちは、つぎつぎと怨霊にとりつかれて世を去った。逆縁に悲歎し、現世の権力の空しさを改めて自覚した道長が、再び健康も悪化して、「ただ念仏のみぞ聞くべき」という心境になり、阿弥陀堂の念誦の間で臨終念仏の時を迎えたのは、すでにのべたとおりである。

このように道長の信仰は、そのときどきの状況によって、調伏・息災など現世の願いの密教修法と来世の願いの浄土教の間をゆれ動いた感があるが、もともとこの二つは、外戚の座をめぐり陰湿な策謀がうずまく摂関時代の上級貴族社会における不安の救済として切り離せぬ関係にあった。法成寺五大堂建立の願文に、「家門に怨みをなす怨霊を降さんがためなり、弟子（道長）臨終の正念《しようねん》を専らにせんがためなり」と記されたように、調伏などの祈りは、単に現世の利益にとどまらず、安らかな来世の浄土往生実現の前提でもあった。

## 道長における地獄と極楽

『源氏物語』の終局で浮舟を導く横川《よかわ》の僧都は源信をモデルにしたともいわれるが、僧都は念仏による救いを説く一方で、浮舟にとりついた物怪《もののけ》を調伏する偉大な験者として描かれている。『往生要集』遣宋後の貴族社会における源信の名声の高まりを示す長保三年（一〇〇一）の法橋上人叙位《ほっきようしようにん》は、疫病流行を除くための仁王会《にんのうえ》に際して参内した恩賞であるし、名僧としての源信の存在を知った道長がまず期待したのも除病の祈禱であったらしい。当時の上流貴族たちが、仏教の利益、名僧の験力としてまずなにを期待したのかがうかがえるであろう。

もちろん道長は、その後『往生要集』を愛読し、健康悪化などの状況下で、『往生要集』を指針とする阿弥陀堂を建立するのだが、それは臨終念仏の場として二十五三昧会の往生院と機能的に共通するとはいえ、営まれる臨終念仏の精神において大きな落差のあることを否定できない。

簡素な草庵である往生院に対して法成寺阿弥陀堂が「極楽にたがふ所なげなり」「浄土はかくこそはと見えたり」と記されるような『往生要集』の極楽の描写にもとづく浄土変相の立体的表現を実現したのは、一代の権力者が財富を傾けた結果と考えれば当然かもしれないが、二十五三昧会結衆たちの臨終念仏実践の精神的基調であった地獄への恐れが、ここではまったく影をひそめているのはなぜであろうか。

二十五三昧会結衆たちは、式文などに明らかなとおり、『往生要集』を読んで地獄の記述に衝撃を受け、自らを地獄に堕ちるべき悪業の者と自覚した故に、念仏結社を結成して善友たちとの臨終念仏によって宿善《しゆくぜん》を開発《かいほつ》し、浄土に往生しようと願った。しかし道長の場合、『往生要集』を愛読し極楽に関する記述に則って法成寺御堂を建立したが、その基底となるべき自らを堕地獄の悪業の身とする自覚は、はたして『往生要集』を通じて培われたであろうか。

かつて藤原道長の信仰生活を詳細に分析した松本皓一氏は、「元来道長は、罪悪に対する個人的自覚の乏しい人であった。それは、彼の闊達・楽天的な外向的パースナリティにもよるであろうが、(中略)一部の政敵を除いては、個人的に私怨を買うということは少なかったようである。それ故さかんに行われた懺悔も、個人の体験的罪悪への反省ではなく、人間に一般的な罪についての懺悔に外ならなかった」と評している(「古代宮廷貴族における呪術と宗教」『日本宗教史講座』一)。もちろん日記としての性格によるのだろうが、『御堂関白記』を通読しても罪業への関心はまったく認められない。寛弘八年(一〇一一)の阿弥陀仏供養の際に「このたびはただ後生を思う」と記したのは、この年が三合《さんごうの》厄《やく》という陰陽道の厄年に当るので現世の祈りを多く修してきたから、今度は後世を祈ろうというので、罪業による恐れとは関係ない。長和四年(一〇一五)十二月十九日条に「地獄変御屛風画の画師らに禄を賜う」と、『御堂関白記』ではめずらしい地獄の語がみえるが、仏名会に際しての単なる職務上の記載にすぎず、『往生要集』を読みはじめて十年を経ても、道長は地獄絵に対する個人的関心がほとんどなかったといってよいようである。松本氏は、道長の罪業観は、最晩年には逆縁・病気などの身辺事情で変化したと考えている。たしかに最晩年の道長は死を意識するにつれて現世の祈りから後世の祈りへと移って行った。しかしそれは、罪業観の深化、堕地獄の恐怖をともなっていたとは思えない。

『栄花物語』によると、法成寺御堂で臨終の時が近づいた道長は、病気平癒の祈禱を行なおうとする息子の頼通に対し、

更《さら》に〳〵、己《おのれ》をあはれと思はん人は、この度の心地に祈せんは中〳〵恨《うら》みんとす。己《おのれ》をば悪道に落ちよとこそはあらめ。ただ念仏をのみぞ聞くべき。

と祈禱を拒否し、念仏を称えて没したという。ここで道長は、死に際しての現世への執着が悪道に堕ちる因となると考えているだけで、それを除けば過去の悪業による堕地獄の恐れや浄土往生への疑念はまったく抱いていない。いわば道長の浄土信仰は、『往生要集』に立脚しながらも、「厭離穢土」の章から導かれる堕地獄の罪業への恐れを捨象し、極楽往生を確信した「欣求浄土」中心の信仰であった。

### 貴族社会と阿弥陀堂

こうした道長の信仰の背景には、前庭の池を極楽の宝池にみたて、九体の阿弥陀と観音・勢至像を安置し、扉ごとに阿弥陀来迎のさまを描き、「極楽にたがふ所なげり」と讃えられた法成寺阿弥陀堂がある。

その念誦の間で道長は臨終を迎えたが、それは『往生要集』の所説のままに極楽の荘厳を此土《しど》に移し、阿弥陀仏の姿かたち、極楽のさまを心に正確に念じることで念仏者と阿弥陀が一体となる、源信が理想の念仏と推賞する観想念仏を容易に行なうための道具立てで

もあった。しかもこの浄土変相の立体的表現である阿弥陀堂造営と、そこで行なわれるさまざまの仏事は、『往生要集』が説く「往生の諸行《しょぎょう》」を兼ね行なうことになる。源信は大文第九「往生の諸行」で、「極楽を求むるものは、必ずしも念仏を専らにせず。すべからく余行《よぎょう》を明して、おのおのの楽欲《ぎょうよく》（願うところ）に任すべし」として、布施・読経・持戒はじめさまざまの行は、すべて往生極楽の業となると説く。ようするに『往生要集』は、念仏ことに観想念仏が往生業としてもっとも勝れているが、それは余行を否定するものではなく、むしろ念仏と諸々の余行の併修が望ましいと説いており、「観想念仏」と「諸行往生」が、その往生論を特徴づける二本の柱となっている。

『往生要集』における諸行の容認は、すべての行《ぎょう》に往生成仏の因を認める点、天台止観《てんだいしかん》の観実相に立つ観想念仏とともに、天台往生思想の当然の帰結である。道長は『往生要集』往生論のこの二本の柱を、法成寺阿弥陀堂という形で具現したのであり、極楽往生の確信を持ったとしても不思議ではない。源信自身は、二十五三昧会の念仏活動を実践する過程で、信を基調とする称名念仏を往生業として重視する方向へと変化していった。しかし『栄花物語』が、法成寺阿弥陀堂を造営しそこで往生した道長を「権者《ごんじゃ》におはしましけり」とまで讃えたように、阿弥陀堂での道長の信仰生活は、上流貴族の間で理想像化され、

『往生要集』の観想念仏と諸行往生は、正統的往生思想として貴族社会で独り歩きを始めた。王朝文化の「もののあはれ」に通じる美的情緒的冥想の世界で観想念仏を理解し、しかも造像・布施・法会など功徳の集積が容易な上流貴族たちは、道長のひそみにならい、競って阿弥陀堂を建立した。その華麗な姿は、現存する平等院鳳凰堂にしのぶことができるが、

泰賢民部卿、（中略）宇治殿（頼通）ノ御後見也。平等院ツクリテイカホドノ功徳ニテアルラムト被レ仰ケレバ、餓鬼道ノ業ナドニテヤ侍ルラムトゾ申サレケル。

と『続古事談』が伝えるように、いたずらに富威に任せて無常の現世に浄土の幻を追うものへと堕していった。

その一方、民間布教僧の唱導などにより、『往生要集』が説く堕地獄の罪業への自覚が深まりながら、貴族たちのような功徳集積による往生確信の術《すべ》なき民衆の間からは、「わが身は罪業重くして、つひには泥犂《ないり》（地獄）へ入りなんず、入りぬべし」（『梁塵秘抄』）という悲歎が生じ、かかる悪業の人びとの救済が模索されるところに、鎌倉仏教への道が開かれる。

もともと「予がごとき頑魯のもの」を理想の念仏実践へ向わせるための導入部として書

かれたはずの『往生要集』の地獄と極楽は、従来の類書にみられなかった整然たる記述、迫真の描写によって読者をとらえ、源信の当初の意図を離れて独り歩きを始め、念仏結社の人びとにとどまらず、貴族からさらには民衆まで、死後の世界や罪業についての新たな目を開かせ、広く日本人の来世観の基盤を形成したのであった。

# むすび

源信が『往生要集』を著した十世紀の末は、藤原摂関家を中心とする上流貴族社会が束の間の安定と繁栄を享受した時代であったが、やがて末法到来を思わせる古代秩序の崩壊・内乱を経て、十二世紀の末には、新たな武士の時代へと移って行く。この空前の社会的変革期に生を受け、さまざまな運命をたどる人びとの体験を、広範な聞き手や読者を念頭において生き生きと描き出した『平家物語』のフィナーレは、大原《おおはら》の尼庵《にあん》で平家一門の後世をとぶらう建礼門院徳子《とくこ》が、訪れた後白河法皇を前に、自分の生涯を回想する場面である。

徳子は平清盛の娘として天皇の母になり、その栄耀栄華の日々は「天上の果報もこれには過ぎじ」と思われるほどだった。しかし源氏の軍が都に迫り、一門とともに西海に逃れることで天人五衰の悲しみを味わう（天道）。一門の離散を思えば、「人間の事は愛別離苦《あいべつりく》、怨憎会苦《おんぞうえく》、ともに我身に知られて侍らふ。四苦八苦一《ひとつ》として残る所さぶらはず」（人道）。船上の生活は、食事にこと欠き、大海に浮びながら飲み水もない毎日、「これまた餓鬼道の苦とこそおぼえさぶらひしか」（餓鬼道）。

一谷《いちのたに》の合戦で一門の多くは戦死し、明けても暮れても鬨《とき》の声が絶えぬ毎日、「修羅の闘《とう》諍《じょう》、帝釈《たいしゃく》の諍《あらそい》も、かくやとこそおぼえさぶらひしか」。漁夫の舟を見ても源氏の舟か、白い鳥をみても源氏の白旗かと、心はつねにおびえまどう（阿修羅道）。そして運命の壇の浦。母二位尼《にいのあま》は徳子の愛児安徳帝を抱いて入水《じゅすい》する。「残《のこ》りとどまる人々のおめきさけびし声、叫喚大叫喚の炎の底の罪人も、これには過じとこそおぼえさぶらひしか」（地獄道）。捕われの身となった徳子は、夢に帝や二位尼と会う。「ここはどこか」と問うと、二位尼は、「竜宮城である。ここでの苦しみは経に説く通り。後世をとぶらってほしい」と答える（畜生道）。それ故、出家して経を読み念仏をして菩提をとぶらっているのだと語る建礼門院は、こうしてみれば自分の生涯の体験は、「これみな六道にたがはじとこそおぼえ侍《さぶら》へ」と話を結ぶ。後白河法皇は、「日蔵上人が蔵王権現《ざおうごんげん》の力で六道を見たという話

(一八六ページ参照)は聞いたが、女院がこれほどまでに六道を目の前にご覧になったとは、まことにめずらしいこと」と涙にむせび、並《な》み居る人びともみな袖をしぼった。

すでに『平家物語』初期本の中には、この「六道の沙汰」を中心に、女院の出家から死去までの部分を本編から切り離し別巻として「灌頂《かんじょう》の巻」と題し、これに「裏書《うらがき》」と記している例がある。女院の述懐としての六道懺悔物語を中心とする部分こそ『平家物語』一編の縮図であり、「表書」としての物語全体に対し「裏書」にあたるというのであろう(日本古典文学大系『平家物語』解説)。

「灌頂の巻」成立の時期や経緯については別に考えなければならぬが、『平家物語』が広範な聞き手・読者層の共感の上に展開した国民文学であることを思えば、時代の変革期に生を受けて運命にもてあそばれた女主人公が、無常のこの世に六道苦相のすべてを見たという述懐は、聞き手・読者の自己体験とも共鳴して、六道苦相についての社会的共通認識を形成した。やはり鬼界島《きかいがしま》流罪で、この世での地獄・餓鬼道の苦を体験した平康頼が、六道ということについては、子供や下郎たちまで広く知っており、詳細は『往生要集』に記すとおりだと説いたように(七七ページ参照)、その共通認識の基盤となったのは『往生要集』の描写であった。しかも地獄など六道悪趣の受苦は、いまや死後の別世界の出来事にとどまらず、この人間世界そのもの、現実の象徴として把握され、人びとにとってもっとも身近かな存在となった。『往生要集』の絵解きとしての来迎寺六道絵が描かれたのはこの時代である。この前後、地獄草紙、餓鬼草紙、病草紙《やまいのそうし》など、「現実の象徴としての地獄芸術」「人間苦人間悪を表現した象徴芸術」（家永三郎）が数多く生まれるのである。『閑居友《かんきよのとも》』（一二二二年成立）によれば、「六道の沙汰」を語る建礼門院の机には、経文とともに地獄絵が並べ置かれていたという。

はじめの「六道の風景」でもふれたが、『往生要集』で源信は、決して六道と浄土の実在を説いているわけではない。仏の相好を観じ名号を念じ、偏《ひと》えに穢土を厭《いと》いもっぱら浄土を求める有相業《うそうごう》に対し、仏を念じ浄土を求めるとはいえ、仏も浄土も（当然地獄も）、そのままの姿としては究極において空《くう》であるが有《う》であり、あるのでもなく空なのでもないという二つの否定を体認して真実の道理に至る無相業《むそうごう》こそ最上の念仏の境地だと説いているのである。これから見れば、『往生要集』が活写した地獄を始めとする六道の苦相も極楽浄土の荘厳も、あくまで有相業として厭離すべき六道、欣求すべき浄土の姿であり、それは地獄も極楽も「有にあらず空にあらず」という真実の道理に到達するための前段階にすぎない。しかし建礼門院の懺悔物語のように、六道の苦相が現世においても体験される疑いもなき実在として把握される以上、そこから離脱するには、輪廻《りんね》なき第七の世界である極楽浄土の実在を信じ、往生を願う他ない。輪廻世界の否定としての浄土に往生せぬかぎり、救済はあり得ない。建礼門院は、「過去聖霊《しょうりょう》、一仏《いちぶつ》浄土（極楽）へ」と、畜生道に堕ちたわが子や母や一門の追善に余生を捧げた後、自らも「南無西方極楽世界教主弥陀《なむさいほうごくらくせかいきょうしゅみだ》如来《にょらい》、必ず引摂《いんじょう》し給へ」と念仏して没するのである。

江戸時代の来迎寺で、『往生要集』の絵解きとしての六道絵の最初に閻魔王による亡者裁判の場面を、最後に念仏の利益によって地獄の苦を脱れる場面を配置し、参観の善男善女に念仏勧進したと思われることは、すでにのべた（四九・九七ページ参照）。南北朝・室町時代以後の仏教民衆化とともに盛んになる葬式仏教の下で、六道と浄土の実在性は、『往生要集』の描写にもとづく地獄の恐怖を通じて、生前の作善、死後の追善の必要を強調する結果となった。

すでに江戸時代の儒学者や国学者は、こうした因果応報の説法を、無智な民衆を惑わす妄説と批判したし、明治以後の近代知識人もまた、日本仏教の堕落を象徴する迷信として軽蔑した。しかし、こうした説法がよりどころとした『往生要集』の記述に立ち帰り、改めて読み返してみるとき、単純に経典が記す因果応報による来世の受苦の姿として地獄を理解し、現代のわれわれに無縁な過去の妄説として棄て去ることができるであろうか。

法華一乗・一切皆成仏《いっさいかいじょうぶつ》の立場をとる天台教学では「十界互具《じっかいごぐ》」を説く。六道をはじめ十界のどれ一つをとりあげてみても、互《たが》いに他の九界を具足《ぐそく》している（十分に備えている）というのである。十界は、六凡四聖の差別はありながら、その意味では平等である。人間界の衆生は、仏となり得るし、地獄を現出することもある。地獄絵を机上に置いて、建礼門院が六道をこの世で体験したと語ったように、地獄はわれわれを離れたところにあるのではなく、われわれ自身の姿である。このように地獄を、現代に生きる人びとの実存の姿としてとらえるとき、人は自らの足下に地獄の存在を認め、自らの内に地獄につらなる罪業を自覚するであろう。そうした自覚を通路として、人は初めて、この世の真実の世界、『往生要集』がいう修道と利他の悦びの世界である極楽浄土に到達できるのかもしれない。

『往生要集』が描く地獄と極楽は、単に千余年前の因果応報の物語ではない。源信自身がそうであったように、自らの実存の姿として受けとめる人にとっては、つねに時代を越えて新しく、そして重い問いかけなのである。

# 主要参考文献


速水　侑『源信』〈人物叢書〉（吉川弘文館、昭和六十三年）
石田瑞麿『源信』〈日本思想大系〉（岩波書店、昭和四十五年）
同　訳『往生要集――日本浄土教の夜明け――』〈東洋文庫〉（平凡社、昭和三十八～三十九年）
同　『極楽浄土への誘い――往生要集の場合――』〈日本人の行動と思想〉（評論社、昭和五十一年）
中村　元『往生要集』〈シリーズ古典を読む〉（岩波書店、昭和五十八年）
川崎庸之編訳『源信』〈日本の名著〉（中央公論社、昭和四十七年）
家永三郎『日本思想史に於ける否定の論理の発達』（弘文堂書房、昭和十五年）
同　『上代仏教思想史研究』（目黒書店、昭和二十五年）
井上光貞『日本浄土教成立史の研究』（山川出版社、昭和三十一年）
同　『日本古代の国家と仏教』（岩波書店、昭和四十六年）
和辻哲郎『続日本精神史研究』（岩波書店、昭和十年）
梅原　猛『地獄の思想――日本精神の一系譜――』〈中公新書〉（中央公論社、昭和四十二年）

大隅和雄編『因果と輪廻』〈大系　仏教と日本人〉（春秋社、昭和六十一年）
高木　豊「因果応報思想の受容と展開」
松野純孝「宿業観の系譜」
大串純夫『来迎芸術』〈法蔵選書〉（法蔵館、昭和五十八年）

著者紹介
一九二六年、北海道に生まれる
一九六四年、北海道大学大学院博士課程単位取得
現在、東海大学文学部教授
主要著書
観音信仰　平安貴族社会と仏教　呪術宗教の世界
源信　日本仏教史（古代）　観音・地蔵・不動

歴史文化ライブラリー
51

地獄と極楽
『往生要集』と貴族社会

一九九八年一二月一日　第一刷発行

著　者　速《はや》水《み》侑《たすく》
発行者　吉川圭三
発行所　株式会社　吉川弘文館
東京都文京区本郷七丁目二番八号
郵便番号一一三—〇〇三三
電話〇三—三八一三—九一五一〈代表〉
振替口座〇〇一〇〇—五—二四四
印刷＝平文社　製本＝ナショナル製本
装幀＝山崎　登（日本デザインセンター）

©Tasuku Hayami 1998. Printed in Japan

歴史文化ライブラリー

1996.10

# 刊行のことば

現今の日本および国際社会は、さまざまな面で大変動の時代を迎えておりますが、近づきつつある二十一世紀は人類史の到達点として、物質的な繁栄のみならず文化や自然・社会環境を謳歌できる平和な社会でなければなりません。しかしながら高度成長・技術革新にともなう急激な変貌は「自己本位な刹那主義」の風潮を生みだし、先人が築いてきた歴史や文化に学ぶ余裕もなく、いまだ明るい人類の将来が展望できていないようにも見えます。このような状況を踏まえ、よりよい二十一世紀社会を築くために、人類誕生から現在に至る「人類の遺産・教訓」としてのあらゆる分野の歴史と文化を「歴史文化ライブラリー」として刊行することといたしました。

小社は、安政四年（一八五七）の創業以来、一貫して歴史学を中心とした専門出版社として書籍を刊行しつづけてまいりました。その経験を生かし、学問成果にもとづいた本叢書を刊行し社会的要請に応えて行きたいと考えております。

現代は、マスメディアが発達した高度情報化社会といわれますが、私どもはあくまでも活字を主体とした出版こそ、ものの本質を考える基礎と信じ、本叢書をとおして社会に訴えてまいりたいと思います。これから生まれでる一冊一冊が、それぞれの読者を知的冒険の旅へと誘い、希望に満ちた人類の未来を構築する糧となれば幸いです。

吉川弘文館

〈オンデマンド版〉
地獄と極楽
『往生要集』と貴族社会

歴史文化ライブラリー
51

2017年（平成29）10月1日　発行

著　者　速《はや》水《み》　侑《たすく》
発行者　吉川道郎
発行所　株式会社　吉川弘文館
〒113-0033　東京都文京区本郷7丁目2番8号
TEL　03-3813-9151〈代表〉
URL　http://www.yoshikawa-k.co.jp/

印刷・製本　大日本印刷株式会社
装　幀　清水良洋・宮崎萌美

速水　侑（1936～2015）
© Junko Hayami 2017. Printed in Japan
ISBN978-4-642-75451-4

JCOPY　〈(社) 出版者著作権管理機構 委託出版物〉
本書の無断複写は著作権法上での例外を除き禁じられています．複写される場合は，そのつど事前に，(社) 出版者著作権管理機構（電話 03-3513-6969，FAX 03-3513-6979，e-mail: info@jcopy.or.jp）の許諾を得てください．